KERSTIN BALKE

SOXX BOOK

door Stine & Stitch

Bonte sokken breien

FORTE CREATIEF

Zet er de sokken in

Dit blaast je van de sokken

Meer dan coole sokken

Dit zijn nog eens sokken

Niet voor saaie sokken

Creatief sokkenontwerp

Basisinstructies

Sokken breien kan altijd!

Meer dan een set sokkenbreinaalden en twee of drie bollen heb je niet nodig en je breiwerk past in elke tas.

Zelfgebreide sokken zijn een leuk cadeau en in de winter zijn ze onmisbaar.

In dit boek vind je afwisselende ontwerpen, verschillende kleurcombinaties en belangrijke basisinstructies.

De jacquardpatronen zijn geschikt voor sokken van maat 36 tot 45 en nog groter. In het hoofdstuk ‘Sokken’ vind je daarvoor alle informatie.

Ben je nog niet zo handig in het breien met twee draden, maak dan eerst sokken met een streeppatroon en ga later met kleine jacquardpatronen aan de gang.

Sokken breien is geen tovenarij en niet zo moeilijk als het misschien lijkt. Op een paar uitzonderingen na hoef je alleen in het rond recht te breien.

Ik hoop dat ik je met mijn passie voor bonte sokken kan aansteken en dat je er net zoveel plezier van zult hebben als ik.

Kerstin Balke

In de TOPP digitale bibliotheek staan (Duitstalige) video’s met aanwijzingen.

De video’s zijn te bekijken na registratie bij de digitale bibliotheek: www.topp-kreativ.de/digibib

De toegangscode vind je op bladzijde 191.

Zet er de

Sokken in >>>>>>>>>

SOXX NR. 1

MOEILIJKHEIDSGRAAD 3

MAAT

38/39

MATERIAAL

Lang Yarns Jawoll (LL ca. 210 m/50 g)
in ecru (Kl 94), oranje (Kl 159), turkoois
(Kl 279) en olijfgroen (Kl 116), elk 50 g

5 sokkenbreinaalden 2,5-3,0 mm

STEKENPROEF

In jacquardpatroon met naalden 2,5-3,0 mm
34 steken en 42 rondes = 10 cm x 10 cm

Tricotsteek

Brei heengaande toer (GK) R, teruggaande toer (VK) AV. Brei bij rondes alles R.

Boordpatroon

Afwisselend 1 R, 1 AV.

Jacquardpatroon A-D

Aantal steken deelbaar door 4.
Brei alle rondes in tricotsteek volgens het geldende telpatroon. Herhaal steeds het patroon van 4 steken.

Jacquardpatroon A

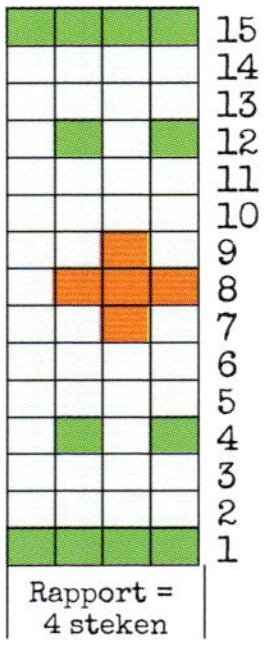

= olijfgroen
= ecru
= oranje

Jacquardpatroon B

= ecru
= turkoois

Jacquardpatroon C

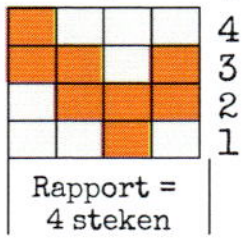

= ecru
= oranje

Jacquardpatroon D

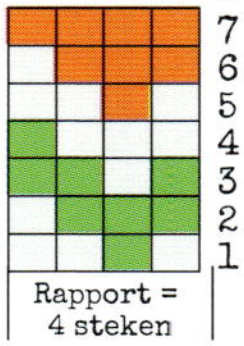

= ecru
= olijfgroen
= oranje

INSTRUCTIES

Zet 64 steken op in oranje, verdeel ze over 4 naalden (= 16 per naald) en sluit de ronde.
Brei voor de BOORD 13 rondes (= 3 cm) in boordpatroon.
Begin het BEENSTUK in tricotsteek in jacquardpatroon A in olijfgroen, ecru en oranje. Brei ronde 1-15 van het telpatroon 1 x. Knip de oranje en olijfgroene draden af en ga verder in jacquardpatroon B in ecru en turkoois. Brei ronde 1-2 van het telpatroon 16 x. Knip daarna beide draden af en voltooi het beenstuk met 1 ronde in olijfgroen. Knip de draad af.
Brei nu de BOEMERANGHIEL in tricotsteek in olijfgroen over de 32 steken van de 4e en 1e naald volgens de instructies op blz. 181.
Brei dan de VOET in tricotsteek over alle 4 naalden en begin met een ronde in olijfgroen. Knip dan de draad af. Ga verder in jacquardpatroon C in ecru en oranje. Brei ronde 1-4 van het tel-

patroon 10 x. Ga daarna verder in jacquardpatroon D in ecru, olijfgroen en oranje. Brei ronde 1-7 van het telpatroon 1 x. Knip de ecru en olijfgroene draden af en maak de voet af in oranje. Begin op 17,5 cm van het midden van de hiel met minderen voor de teen.

Brei de BANDTEEN volgens de instructies op blz. 187 in oranje. Knip de draden af en haal ze naar binnen.
Werk alle draden af.
Brei de tweede sok op dezelfde manier.

ZO BREI JE DE SOKKEN IN ANDERE MATEN

MAAT 36/37
64 steken opzetten (= 16 per naald).
Voet, jacquardpatroon C: brei ronde 1-4 van het telpatroon 7 x. Ga verder volgens instructies en begin op 16 cm van het midden van de hiel met minderen voor de bandteen.

MAAT 40/41
68 steken opzetten (= 17 per naald).
Voet, jacquardpatroon C: brei ronde 1-4 van het telpatroon 10 x. Ga verder volgens instructies en begin op 19 cm van het midden van de hiel met minderen voor de bandteen.

MAAT 42/43
68 steken opzetten (= 17 per naald).
Voet, jacquardpatroon C: brei ronde 1-4 van het telpatroon 11 x. Ga verder volgens instructies en begin op 20,5 cm van het midden van de hiel met minderen voor de bandteen.

MAAT 44/45
72 steken opzetten (= 18 per naald).
Voet, jacquardpatroon C: brei ronde 1-4 van het telpatroon 12 x. Ga verder volgens instructies en begin op 22 cm van het midden van de hiel met minderen voor de bandteen.

SOXX NR. 2

MOEILIJKHEIDSGRAAD 3

MAAT

38/39

MATERIAAL

Lang Yarns Jawoll (LL ca. 210 m/50 g) in wit (Kl 01), oranje (Kl 159) en olijfgroen (Kl 116), elk 50 g

5 sokkenbreinaalden 2,5-3,0 mm

STEKENPROEF

In jacquardpatroon met naalden 2,5-3,0 mm
32 steken en 42 rondes = 10 cm x 10 cm

Tricotsteek

Brei heengaande toer (GK) R, teruggaande toer (VK) AV. Brei bij rondes alles R.

Boordpatroon

Afwisselend 1 steek recht verdraaid (Rver), 1 steek AV.

Recht verdraaid breien

Steek de naald van rechts naar links in de achterkant van de lus en brei de steek verder normaal R. Hierdoor draait de steek.

Jacquardpatroon A en B

Aantal steken deelbaar door 4.
Brei alle rondes in tricotsteek volgens het geldende telpatroon. Herhaal steeds het rapport van 4 steken.

Jacquardpatroon A

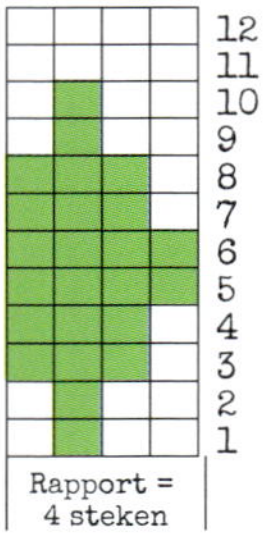

= wit
= olijfgroen

Jacquardpatroon B

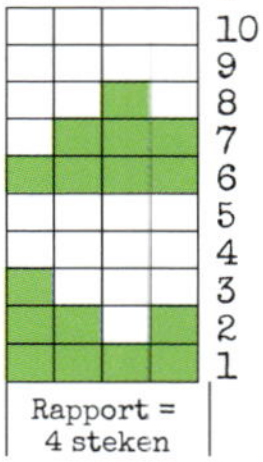

= olijfgroen
= wit

INSTRUCTIES

Zet 64 steken op in oranje, verdeel ze over 4 naalden (= 16 per naald) en sluit de ronde.
Brei voor BOORD 12 rondes (= 3 cm) in boordpatroon. Knip de draden af en ga verder met het BEENSTUK met 1 ronde in wit. Ga daarna verder in jacquardpatroon A in wit en olijfgroen. Brei ronde 1-12 van het telpatroon 4 x en knip dan beide draden af.

Brei de BOEMERANGHIEL in tricotsteek over de 32 steken van de 4e en 1e naald in oranje volgens de instructies op blz. 181. Knip daarna de draden af.
Brei de VOET in rondes in tricotsteek over alle 4 naalden. Begin met 2 rondes in wit. Ga daarna verder in jacquardpatroon B met olijfgroen en wit. Brei ronde 1-10 van het telpatroon 5 x en ronde 1-5 nog 1 x. Knip de witte en

ZO BREI JE DE SOKKEN IN ANDERE MATEN

MAAT 36/37
64 steken opzetten (= 16 per naald).
Voet, jacquardpatroon B: brei ronde 1-10 van het telpatroon 4 x en ronde 1-5 nog 1 x. Ga verder volgens instructies en begin op 16 cm van het midden van de hiel met minderen voor de bandteen.

MAAT 40/41
68 steken opzetten (= 17 per naald).
Voet, jacquardpatroon B: brei ronde 1-10 van het telpatroon 6 x. Ga verder volgens instructies en begin op 19 cm van het midden van de hiel met minderen voor de bandteen.

MAAT 42/43
68 steken opzetten (= 17 per naald).
Voet, jacquardpatroon B: brei ronde 1-10 van het telpatroon 6 x en ronde 1-5 nog 1 x. Ga verder volgens instructies en begin op 20,5 cm van het midden van de hiel met minderen voor de bandteen.

MAAT 44/45
72 steken opzetten (= 18 per naald).
Voet, jacquardpatroon B: brei ronde 1-10 van het telpatroon 7 x. Ga verder volgens instructies en begin op 22 cm van het midden van de hiel met minderen voor de bandteen.

olijfgroene draden af en maak de voet af in oranje. Begin op 17,5 cm van het midden van de hiel met minderen voor de bandteen.

Brei de BANDTEEN volgens de instructies op blz. 187 in oranje. Knip de draad af en haal alle draden naar binnen. Werk ze af. Maak de tweede sok op dezelfde manier.

SOXX NR. 3

MOEILIJKHEIDSGRAAD 3

MAAT

38/39

MATERIAAL

Lang Yarns Jawoll (LL ca. 210 m/50 g)
in zand (Kl 22), oranje (Kl 159), geel (Kl 43) en
goudgeel (Kl 249), elk 50 g

5 sokkenbreinaalden 2,5-3,0 mm

STEKENPROEF

In jacquardpatroon met naalden 2,5-3,0 mm
34 steken en 36 rondes = 10 cm x 10 cm

Tricotsteek

Brei heengaande toer (GK) R, teruggaande toer (VK) AV. Brei bij rondes alles R.

Boordpatroon

Afwisselend 1 steek R, 1 steek AV.

Jacquardmuster A-H

Aantal steken deelbaar door 4.
Brei alle rondes in tricotsteek volgens het geldende telpatroon. Herhaal steeds het rapport van 4 steken.

INSTRUCTIES

Zet 64 steken op in zand en verdeel ze over 4 naalden (= 16 per naald). Sluit de ronde.
Brei voor de BOORD 15 rondes (= 3 cm) in boordpatroon.
Brei het BEENSTUK in tricotsteek. Begin met 2 rondes in zand en ga dan verder in jacquardpatroon A in zand en oranje.
Brei ronde 1-4 van het telpatroon 1 x en ga daarna door in jacquardpatroon B.
Brei ronde 1-4 daarvan 3 x. Knip de oranje draad af en brei 2 rondes in zand.

Jacquardpatroon A

oranje	oranje	oranje	oranje	4
oranje	oranje	oranje	oranje	3
zand	zand	zand	oranje	2
zand	zand	zand	oranje	1

Rapport = 4 steken

= oranje
= zand

Jacquardpatroon B

zand	zand	zand	oranje	4
oranje	zand	oranje	oranje	3
zand	oranje	zand	zand	2
oranje	oranje	oranje	zand	1

Rapport = 4 steken

= zand
= oranje

Jacquardpatroon C

lichtoranje	lichtoranje	lichtoranje	zand	4
zand	lichtoranje	zand	zand	3
lichtoranje	zand	lichtoranje	lichtoranje	2
zand	zand	zand	lichtoranje	1

Rapport = 4 steken

= lichtoranje
= zand

Jacquardpatroon D

zand	zand	zand	kanarie	4
kanarie	zand	kanarie	kanarie	3
zand	kanarie	zand	zand	2
kanarie	kanarie	kanarie	zand	1

Rapport = 4 steken

= zand
= kanarie

Jacquardpatroon E

kanarie	kanarie	kanarie	zand	4
zand	kanarie	zand	zand	3
kanarie	zand	kanarie	kanarie	2
zand	zand	zand	kanarie	1

Rapport = 4 steken

= kanarie
= zand

Jacquardpatroon F

zand	zand	zand	lichtoranje	4
lichtoranje	zand	lichtoranje	lichtoranje	3
zand	lichtoranje	zand	zand	2
lichtoranje	lichtoranje	lichtoranje	zand	1

Rapport = 4 steken

= zand
= lichtoranje

Jacquardpatroon G

oranje	oranje	oranje	zand	4
zand	oranje	zand	zand	3
oranje	zand	oranje	oranje	2
zand	zand	zand	oranje	1

Rapport = 4 steken

= oranje
= zand

Jacquardpatroon H

zand	zand	zand	oranje	4
zand	zand	zand	oranje	3
oranje	oranje	oranje	oranje	2
oranje	oranje	oranje	oranje	1

Rapport = 4 steken

= oranje
= zand

Ga nu verder in jacquardpatroon C in lichtoranje en zand. Brei ronde 1-4 daarvan 3 x en knip dan de lichtoranje draad af. Brei 2 rondes in zand en ga dan verder in jacquardpatroon D in kanarie en zand. Brei ronde 1-4 daarvan 3 x. Sluit het beenstuk af met 1 ronde in zand en knip de draden kanarie en zand af.

Brei de BOEMERANGHIEL in tricotsteek in oranje over de 32 steken van de 4e en le naald volgens de instructies op blz. 181. Brei na het eerste (bovenste) deel van de hiel 2 rondes in zand over alle 4 naalden. Knip dan de draad zand af en ga verder met het onderste deel van de hiel in oranje. Knip de oranje draad af.

Brei de VOET in rondes in tricotsteek over alle 4 naalden. Begin met 1 ronde in zand en ga daarna verder in jacquard-patroon E in kanarie en zand. Brei ronde 1-4 van het telpatroon 3 x, knip de kanarie draad af en brei nog 2 rondes in zand. Ga dan verder in jacquard-patroon F in lichtoranje en zand en brei ronde 1-4 van het telpatroon 3 x. Knip de lichtoranje draad af en brei nog 2 rondes in zand. Brei nu jacquard-patroon G in oranje en zand en herhaal ronde 1-4 van het telpatroon 3 x.

Ga dan direct door in jacquardpatroon H en brei ronde 1-4 van het telpatroon 1 x.

Knip de oranje draad af en maak de voet af in zand. Begin op 20 cm van het midden van de hiel met minderen voor de STOMPE TEEN (zie blz. 187). Maas de opening dicht (zie blz. 188).

Werk de draden af.

Brei de tweede sok op dezelfde manier.

ZO BREI JE DE SOKKEN IN ANDERE MATEN

MAAT 36/37
64 steken opzetten (= 16 per naald).
Voet:
Jacquardpatroon E: brei ronde 1-4 van het telpatroon 3 x.
Jacquardpatroon F: brei ronde 1-4 van het telpatroon 2 x.
Jacquardpatroon G: brei ronde 1-4 van het telpatroon 3 x.
Ga verder volgens instructies en begin op 18,5 cm van het midden van de hiel met minderen voor de stompe teen.

MAAT 40/41
68 steken opzetten (= 17 per naald).
Voet:
Jacquardpatroon E: brei ronde 1-4 van het telpatroon 3 x.
Jacquardpatroon F: brei ronde 1-4 van het telpatroon 4 x.
Jacquardpatroon G: brei ronde 1-4 van het telpatroon 3 x.
Ga verder volgens instructies en begin op 21,5 cm van het midden van de hiel met minderen voor de stompe teen.

MAAT 42/43
68 steken opzetten (= 17 per naald).
Voet:
Jacquardpatroon E: brei ronde 1-4 van het telpatroon 4 x.
Jacquardpatroon F: brei ronde 1-4 van het telpatroon 4 x.
Jacquardpatroon G: brei ronde 1-4 van het telpatroon 4 x.
Ga verder volgens instructies en begin op 23 cm van het midden van de hiel met minderen voor de stompe teen.

SOXX NR. 4

MOEILIJKHEIDSGRAAD 2

MAAT

38/39

MATERIAAL

Schoppel ALB Lino (LL ca. 400 m/100g)
in papaya (Kl 701), 100 g

5 sokkenbreinaalden 3,0-4,0 mm

STEKENPROEF

In patroon met overgehaalde omslagen
met naalden 3,0-4,0 mm
28 steken en 38 rondes = 10 cm x 10 cm

Tricotsteek

Brei heengaande toer (GK) R, teruggaande toer (VK) AV. Brei bij rondes alles R.

Recht verdraaid breien

Steek de naald van rechts naar links in de achterkant van de lus en brei de steek verder normaal R. Hierdoor draait de steek.

Patroon met overgehaalde omslagen

1e ronde: *2 R, 1 O, 2 R, O over de 2 R halen. Herhaal vanaf *.
2e en 3e ronde: alles R breien.
4e ronde: *1 O, 2 R, de O over de 2 R halen, 2 R. Herhaal vanaf *.
5e en 6e ronde: alles R breien.
Herhaal steeds ronde 1-6.

Boordpatroon

Afwisselend 1 Rver, 1 AV.

INSTRUCTIES

Zet 56 steken op, verdeel ze over 4 naalden (= 14 per naald) en sluit de ronde.
Brei voor de BOORD 20 rondes in boordpatroon (= 5,5 cm).
Begin het BEENSTUK met 4 rondes in tricotsteek en ga daarna verder met het patroon met overgehaalde omslagen. Herhaal ronde 1-6 van het patroon 5 x en begin dan met de hiel.
Brei de HOLLANDSE HIEL in tricotsteek over de 28 steken van de 4e en 1e naald volgens de instructies op blz. 184.
Brei voor de VOET de steken weer in rondes op 4 naalden. De steken van de 4e en 1e naald vormen de voetzool; brei die volledig door in tricotsteek. Zet het patroon van overgehaalde omslagen op de bovenvoet (2e en 3e naald) voort. Let erop dat het patroon goed aansluit. Herhaal 9 x ronde 1-6 en brei ronde 1 nog 1 x. Brei verder in tricotstreek tot een lengte van 20 cm van het midden van de hiel. Begin dan met minderen voor de stompe teen.
Brei de STOMPE TEEN volgens de instructies op blz. 187. Maas de opening dicht (zie blz. 188) en werk alle draden af.
Brei de tweede sok op dezelfde manier.

ZO BREI JE DE SOKKEN IN ANDERE MATEN

MAAT 36/37
56 steken opzetten (= 14 per naald).
Voet: brei ronde 1-6 van het telpatroon 8 x, dan ronde 1 nog 1 x. Ga verder volgens instructies en begin op 18,5 cm van het midden van de hiel met minderen voor de stompe teen.

MAAT 40/41
60 steken opzetten (= 15 per naald).
Voet: brei ronde 1-6 van het telpatroon 10 x, dan ronde 1 nog 1 x. Ga verder volgens instructies en begin op 21,5 cm van het midden van de hiel met minderen voor de stompe teen.

MAAT 42/43
60 steken opzetten (= 15 per naald).
Voet: brei ronde 1-6 van het telpatroon 11 x, dan ronde 1 nog 1 x. Ga verder volgens instructies en begin op 23 cm van het midden van de hiel met minderen voor de stompe teen.

MAAT 44/45
64 steken opzetten (= 16 per naald).
Voet: brei ronde 1-6 van het telpatroon 11 x, dan ronde 1 nog 1 x. Ga verder volgens instructies en begin op 24,5 cm van het midden van de hiel met minderen voor de stompe teen.

SOXX NR. 5

MOEILIJKHEIDSGRAAD 2

MAAT

38/39

MATERIAAL

Lang Yarns Jawoll (LL ca. 210 m/50 g) in ecru (Kl 94), oranje (Kl 159), turkoois (Kl 279), kanarie (Kl 43) en olijfgroen (Kl 116), elk 50 g

5 sokkenbreinaalden 2,5-3,0 mm

STEKENPROEF

In jacquardpatroon met naalden 2,5-3,0 mm
32 steken en 42 rondes = 10 cm x 10 cm

Tricotsteek

Brei heengaande toer (GK) R, teruggaande toer (VK) AV. Brei bij rondes alles R.

Boordpatroon

Afwisselend 1 R, 1 AV.

Jacquardmuster

Aantal steken deelbaar door 4.
Brei alle rondes in tricotsteek volgens het telpatroon. Herhaal steeds het rapport van 4 steken.
Knip na elk kleurpatroon de draad van die kleur af.

Jacquardpatroon

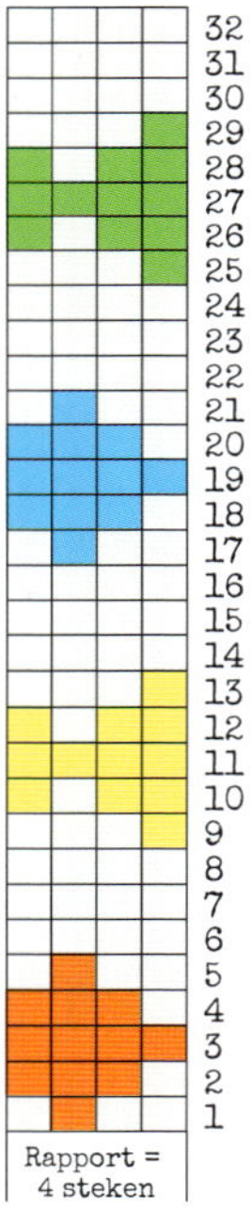

= ecru
= oranje
= kanarie
= turkoois
= olijfgroen

INSTRUCTIES

Zet 64 steken op in olijfgroen, verdeel ze over 4 naalden (= 16 per naald) en sluit de ronde.
Brei voor de BOORD 2 rondes in olijfgroen en 10 rondes in ecru in boordpatroon (= 3 cm). Knip de olijfgroene draad af.
Brei het BEENSTUK in tricotsteek en begin met 2 rondes in ecru. Ga daarna verder met het jacquardpatroon in ecru, oranje, kanarie, turkoois en olijfgroen. Brei ronde 1-32 van het telpatroon 1 x en dan ronde 1-21 nog 1 keer.

Brei de BOEMERANGHIEL in tricotsteek in ecru over de 32 steken van de 4e en 1e naald volgens de instructies op blz. 181.
Ga voor de VOET in rondes over alle steken van de 4 naalden verder met het jacquardpatroon in ecru, olijfgroen, oranje, kanarie en turkoois. Brei 1 x ronde 24-32 van het telpatroon, dan 1 x ronde 1-32 en nog 1 x ronde 1-13. Begin op 17,5 cm van het midden van de hiel met minderen voor de bandteen.

Brei de BANDTEEN in ecru volgens de instructies op blz. 187. Knip de draden af en haal ze naar binnen. Werk alle draden af.
Brei de tweede sok net zo.

ZO BREI JE DE SOKKEN IN ANDERE MATEN

MAAT 36/37
64 steken opzetten (= 16 per naald).
Voet: brei 1 x ronde 24-32, 1 x ronde 1-32, 1 x ronde 1-5 van het telpatroon. Begin op 16 cm van het midden van de hiel met minderen voor de bandteen.

MAAT 40/41
68 steken opzetten (= 17 per naald).
Voet: brei 1 x ronde 24-32, 1 x ronde 1-32, 1 x ronde 1-13 van het telpatroon. Begin op 19 cm van het midden van de hiel met minderen voor de bandteen.

MAAT 42/43
68 steken opzetten (= 17 per naald).
Voet: brei 1 x ronde 24-32, 1 x ronde 1-32, 1 x ronde 1-21 van het telpatroon. Begin op 20,5 cm van het midden van de hiel met minderen voor de bandteen.

MAAT 44/45
72 steken opzetten (= 18 per naald).
Voet: brei 1 x ronde 24-32, 1 x ronde 1-32, 1 x ronde 1-29 van het telpatroon. Begin op 22 cm van het midden van de hiel met minderen voor de bandteen.

SOXX NR. 6

MOEILIJKHEIDSGRAAD 2

MAAT

38/39

MATERIAAL

Lang Yarns Jawoll (LL ca. 210 m/50 g) in ecru (Kl 94), lichtoranje (Kl 249) en olijfgroen (Kl 116), elk 50 g

5 sokkenbreinaalden 2,5-3,0 mm

STEKENPROEF

In jacquardpatroon met naalden 2,5-3,0 mm 34 steken en 36 rondes = 10 cm x 10 cm

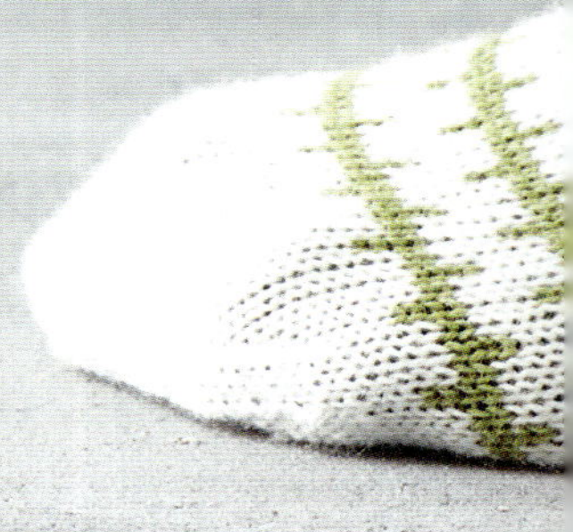

Tricotsteek

Brei heengaande toer (GK) R, teruggaande toer (VK) AV. Brei bij rondes alles R.

Recht verdraaid breien

Steek de naald van rechts naar links in de achterkant van de lus en brei de steek verder normaal R. Hierdoor draait de steek.

Boordpatroon

Afwisselend 1 Rver, 1 AV.

Jacquardpatroon A en B

Aantal steken deelbaar door 4.
Brei alle rondes in tricotsteek volgens het geldende telpatroon. Herhaal steeds het rapport van 4 steken.

Jacquardpatroon A

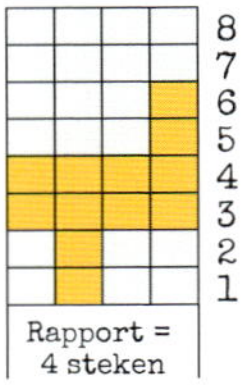

☐ = ecru
■ = lichtoranje

Jacquardpatroon B

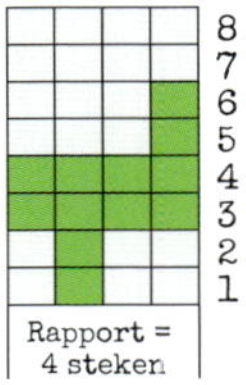

☐ = ecru
■ = olijfgroen

INSTRUCTIES

Zet 64 steken op in lichtoranje, verdeel ze over 4 naalden (= 16 per naald) en sluit de ronde.
Brei voor de BOORD 30 rondes (= 7 cm) in boordpatroon.
Begin het BEENSTUK in jacquardpatroon A in ecru en lichtoranje. Brei ronde 3-8 van het telpatroon 1 x, ronde 1-8 aansluitend 2 x en dan ronde 1-6 nog 1 x. Knip de lichtoranje draad af.

Brei de BOEMERANGHIEL in tricotsteek in ecru over de 32 steken van de 4e en 1e naald volgens de instructies op blz. 181.
Brei de VOET in rondes in tricotsteek en in jacquardpatroon B over de 4 naalden in ecru en olijfgroen. Brei ronde 1-8 van het telpatroon 6 x. Knip de olijfgroene draad af en ga verder met ecru. Begin op 17,5 cm van het midden van de hiel met minderen voor de bandteen.

Brei de BANDTEEN volgens de instructies op blz. 187 in ecru. Knip de draad af en haal hem naar binnen.
Werk alle draden af.

Brei de tweede sok op dezelfde manier.

ZO BREI JE DE SOKKEN IN ANDERE MATEN

MAAT 36/37
64 steken opzetten (= 16 per naald).
Voet, jacquardpatroon B: brei ronde 1-8 van het telpatroon 5 x. Begin op 16 cm van het midden van de hiel met minderen voor de bandteen.

MAAT 40/41
68 steken opzetten (= 17 per naald).
Voet, jacquardpatroon B: brei ronde 1-8 van het telpatroon 6 x. Begin op 19 cm van het midden van de hiel met minderen voor de bandteen.

MAAT 42/43
68 steken opzetten (= 17 per naald).
Voet, jacquardpatroon B: brei ronde 1-8 van het telpatroon 7 x. Begin op 20,5 cm van het midden van de hiel met minderen voor de bandteen.

MAAT 44/45
72 steken opzetten (= 18 per naald).
Voet, jacquardpatroon B: brei ronde 1-8 van het telpatroon 7 x. Begin op 22 cm van het midden van de hiel met minderen voor de bandteen.

Dit blaast je van

de sokken

SOXX NR. 7

MOEILIJKHEIDSGRAAD 2

MAAT

38/39

MATERIAAL

Schoppel ALB Lino (LL ca. 400 m/100g)
in savanne (K1 581), 100 g

5 sokkenbreinaalden 3,0-4,0 mm

STEKENPROEF

In staafjespatroon met naalden 3,0-4,0 mm
30 steken en 38 rondes = 10 cm x 10 cm

Tricotsteek

Brei heengaande toer (GK) R, teruggaande toer (VK) AV. Brei bij rondes alles R.

Recht verdraaid breien

Steek de naald van rechts naar links in de achterkant van de lus en brei de steek verder normaal R. Hierdoor draait de steek.

Averecht verdraaid breien

Steek de naald van links naar rechts in de achterkant van de lus en brei de steek verder normaal AV. Hierdoor draait de steek.

Boordpatroon

Afwisselend 1 Rver, 1 AV.

Staafjespatroon

Aantal steken deelbaar door 4.
Brei in rondes volgens het patroon.
Begin in ronde 1-5 met de eerste 2 steken voor het rapport (witte vakjes), brei dan het patroon van 4 steken (grijze vakjes) en blijf dat herhalen tot op de laatste 2 steken (witte vakjes). Begin ronde 6-10 met het rapport (grijze vakjes) en herhaal de 4 steken tot het einde van de ronde.
Herhaal steeds ronde 1-10.
Ronde 1-5: 2 AV, *1 Rver, 3 AV. Herhaal steeds vanaf * en eindig met 1 Rver, 1 AV.
Ronde 6-10: *1 Rver, 3 AV. Herhaal steeds vanaf *.

Staafjespatroon

–	–	–	◆	–	–	–	◆	10
–	–	–	◆	–	–	–	◆	9
–	–	–	◆	–	–	–	◆	8
–	–	–	◆	–	–	–	◆	7
–	–	–	◆	–	–	–	◆	6
–	◆	–	–	–	◆	–	–	5
–	◆	–	–	–	◆	–	–	4
–	◆	–	–	–	◆	–	–	3
–	◆	–	–	–	◆	–	–	2
–	◆	–	–	–	◆	–	–	1

– = 1 steek AV
◆ = 1 steek Rver

Hielpatroon

Brei de hiel volgens het patroon en herhaal steeds ronde 1 en ronde 2.
1e ronde (GK): 3 R, *1 AV, 1 Rver. Herhaal steeds vanaf *. Eindig met 3 R.

2e ronde (VK): 3 R, * 1 AVver, 1 R*. Herhaal steeds vanaf *. Eindig met 3 R.

Hielpatroon, 4e en 1e naald

■	■	■	◇	■	◇	■	◇	■	◇	■	◇	■	◇	■	◇	■	◇	■	◇	■	◇	■	◇	■	■	■	■	2
■	■	■	◆	−	◆	−	◆	−	◆	−	◆	−	◆	−	◆	−	◆	−	◆	−	◆	−	◆	−	■	■	■	1

Rapport = 28 steken

■ = 1 steek R
− = 1 steek AV
◆ = 1 steek Rver
◇ = 1 steek AVver

ZO BREI JE DE SOKKEN IN ANDERE MATEN

MAAT 36/37
56 steken opzetten (= 14 per naald).
Voet: brei de bovenvoet in staafjespatroon. Brei ronde 1-10 van het patroon 4 x. Ga dan over in boordpatroon. Begin op 16 cm van het midden van de hiel met minderen voor de bandteen.

MAAT 40/41
60 steken opzetten (= 15 per naald).
Voet: brei de bovenvoet in staafjespatroon. Brei ronde 1-10 van het patroon 5 x, dan nog 1 x ronde 1-5. Ga dan over in boordpatroon. Begin op 19 cm van het midden van de hiel met minderen voor de bandteen.

MAAT 42/43
60 steken opzetten (= 15 per naald).
Voet: brei de bovenvoet in staafjespatroon. Brei ronde 1-10 van het patroon 6 x. Ga dan over in boordpatroon. Begin op 20,5 cm van het midden van de hiel met minderen voor de bandteen.

MAAT 44/45
64 steken opzetten (= 16 per naald).
Voet: brei de bovenvoet in staafjespatroon. Brei ronde 1-10 van het patroon 6 x, dan nog 1 x ronde 1-5. Ga dan over in boordpatroon. Begin op 22 cm van het midden van de hiel met minderen voor de bandteen.

INSTRUCTIES

Zet 56 steken op, verdeel ze over 4 naalden (= 14 per naald) en sluit de ronde.
Brei voor de BOORD 10 rondes (= 3 cm) in boordpatroon.
Brei dan het BEENSTUK in staafjespatroon volgens het telpatroon en brei daarbij ronde 1-10 in totaal 6 x.
Brei de HOLLANDSE HIEL volgens de instructies op blz. 184 in hielpatroon; de kleine hiel wordt volledig in tricotsteek gebreid.
Brei de VOET over alle 4 naalden. Brei de zool over de steken van de 4e en 1e naald tot het einde in tricotsteek.
Brei de bovenvoet met de steken van de 2e en 3e naald in staafjespatroon.
Brei daarvoor 5 x ronde 1-10. Let er daarbij op dat het patroon gelijkmatig doorloopt. Ga daarna op de bovenvoet verder in boordpatroon en begin op 17,5 cm van het midden van de hiel met minderen voor de bandteen.

Brei de BANDTEEN volgens de instructies op blz. 187. Knip de draad af en haal hem naar binnen.
Werk de draden af.
Brei de tweede sok op dezelfde manier.

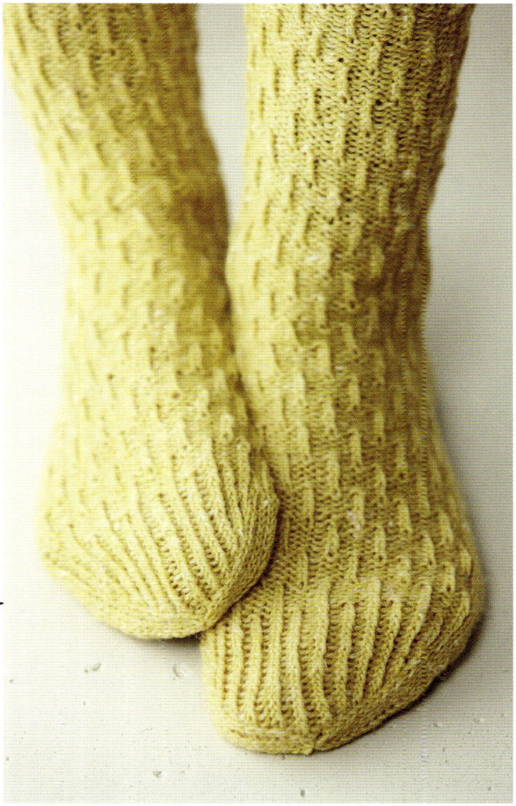

SOXX NR. 8

MOEILIJKHEIDSGRAAD 3

MAAT

38/39

MATERIAAL

Lang Yarns Jawoll (LL ca. 210 m/50 g)
in ecru (Kl 94), zwart (Kl 04) en mosterd
(Kl 150), elk 50 g

5 sokkenbreinaalden 2,5-3,0 mm

STEKENPROEF

In jacquardpatroon met naalden 2,5-3,0 mm
32 steken en 40 rondes = 10 cm x 10 cm

Tricotsteek

Brei heengaande toer (GK) R, teruggaande toer (VK) AV. Brei bij rondes alles R.

Boordpatroon

Afwisselend 1 R, 1 AV.

Jacquardpatroon A en B

Aantal steken deelbaar door 4.
Brei alle rondes in tricotsteek volgens het geldende telpatroon. Herhaal steeds het rapport van 4 steken.

Jacquardpatroon A

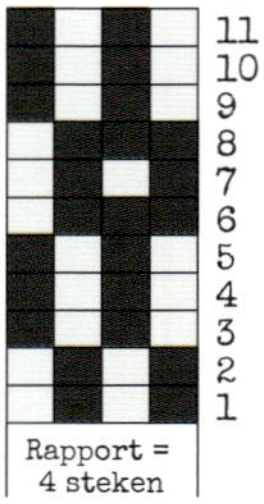

■ = zwart
□ = ecru

Jacquardpatroon B

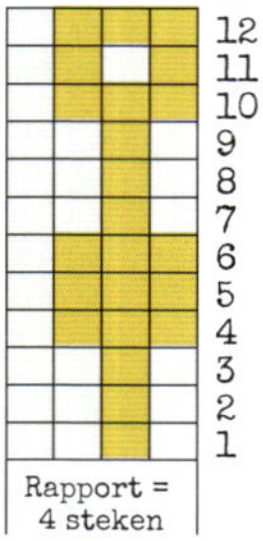

□ = ecru
■ = mosterd

INSTRUCTIES

Zet 64 steken op in mosterd, verdeel ze over 4 naalden (= 16 per naald) en sluit de ronde.
Brei voor de BOORD 5 rondes in mosterd en 5 rondes in ecru in boordpatroon en dan 3 rondes afwisselend 1 R in zwart, 1 AV in ecru (= 3 cm).
Begin het BEENSTUK in jacquardpatroon A in zwart en ecru. Brei ronde 1-11 van

het telpatroon 1x. Knip de zwarte draad af en ga verder met 2 rondes tricotsteek in mosterd. Brei daarna 1 ronde afwisselend 1 steek ecru, 1 steek mosterd en ga daarna verder in jacquardpatroon B in ecru en mosterd. Brei ronde 1-12 van het telpatroon 3 x en daarna ronde 1-3 nog 1 x. Eindig het beenstuk in tricotsteek met 1 ronde afwisselend 1 steek ecru, 1 steek mosterd. Knip de ecru draad af.

Brei nu de BOEMERANGHIEL in tricotsteek in mosterd over de 32 steken van de 4e en 1e naald volgens de instructies op blz. 181.

Brei de VOET in tricotsteek over de steken van alle 4 naalden. Begin met 1 ronde 1 steek ecru, 1 steek mosterd en ga daarna door in jacquardpatroon B in ecru en mosterd. Brei ronde 7-12 van het telpatroon 1 x, ronde 1-12 nog 3 x en dan nog 1 x ronde 1-3. Eindig met 1 ronde afwisselend 1 steek ecru, 1 steek

mosterd. Knip de ecru draad af en ga verder met mosterd. Begin op 17,5 cm van het midden van de hiel met minderen voor de bandteen.
Brei de BANDTEEN volgens de instructies op blz. 187 in mosterd. Knip de draad af en haal hem naar binnen.
Werk alle draden af.
Brei de tweede sok op dezelfde manier.

ZO BREI JE DE SOKKEN IN ANDERE MATEN

MAAT 36/37

64 steken opzetten (= 16 per naald).
Voet, jacquardpatroon B: brei ronde 7-12 van het telpatroon 1 x, dan 2 x ronde 1-12 en ronde 1-9 nog 1 x. Ga volgens het patroon verder en begin op 16 cm van het midden van de hiel met minderen voor de bandteen.

MAAT 40/41

68 steken opzetten (= 17 per naald).
Voet, jacquardpatroon B: brei ronde 7-12 van het telpatroon 1 x, dan 3 x ronde 1-12 en ronde 1-9 nog 1 x. Ga volgens het patroon verder en begin op 19 cm van het midden van de hiel met minderen voor de bandteen.

MAAT 42/43

68 steken opzetten (= 17 per naald).
Voet, jacquardpatroon B: brei ronde 7-12 van het telpatroon 1 x, dan 4 x ronde 1-12 en ronde 1-3 nog 1 x. Ga volgens het patroon verder en begin op 20,5 cm van het midden van de hiel met minderen voor de bandteen.

MAAT 44/45

72 steken opzetten (= 18 per naald).
Voet, jacquardpatroon B: brei ronde 7-12 van het telpatroon 1 x, dan 4 x ronde 1-12 en ronde 1-9 nog 1 x. Ga volgens het patroon verder en begin op 22 cm van het midden van de hiel met minderen voor de bandteen.

SOXX NR. 9

MOEILIJKHEIDSGRAAD 3

MAAT

38/39

MATERIAAL

Lang Yarns Jawoll (LL ca. 210 m/50 g) in mosterd (Kl 150), jade (Kl 372), petrol (Kl 288) en ecru (Kl 94), elk 50 g

5 sokkenbreinaalden 2,5-3,0 mm

STEKENPROEF

In jacquardpatroon met naalden 2,5-3,0 mm
34 steken en 36 rondes = 10 cm x 10 cm

Tricotsteek

Brei heengaande toer (GK) R, teruggaande toer (VK) AV. Brei bij rondes alles R.

Boordpatroon

Afwisselend 1 Rver, 1 AV.

Recht verdraaid breien

Steek de naald van rechts naar links in de achterkant van de lus en brei de steek verder normaal R. Hierdoor draait de steek.

Jacquardpatroon A, B en C

Aantal steken deelbaar door 4.
Brei alle rondes in tricotsteek volgens het geldende telpatroon. Herhaal steeds het rapport van 4 steken.

Jacquardpatroon A

= petrol
= ecru

Jacquardpatroon B

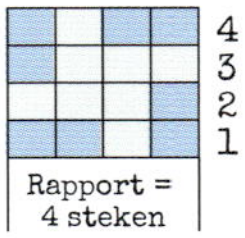

= jade
= ecru

Jacquardpatroon C

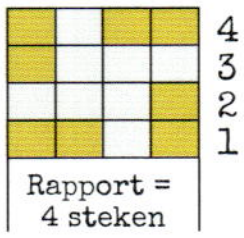

= mosterd
= ecru

INSTRUCTIES

Zet 64 steken op in petrol, verdeel ze over 4 naalden (= 16 per naald) en sluit de ronde.

Brei voor de BOORD 10 rondes (= 2,5 cm) in boordpatroon.

Ga voor het BEENSTUK verder met 4 rondes in tricotsteek en ga daarna door in jacquardpatroon A in petrol en ecru. Brei ronde 1-4 van het telpatroon 6 x, dan ronde 1-2 nog 1 x. Knip de petrol draad af en ga verder in jacquardpatroon B in jade en ecru. Brei ronde 3-4 van het telpatroon 1 x, dan ronde 1-4 nog 4 x. Knip de ecru draad af en maak het beenstuk af in jade met 5 rondes in tricotsteek.

Brei de BOEMERANGHIEL in tricotsteek in jade over de 32 steken van de 4e en 1e naald volgens de instructies op blz. 181.

Brei de VOET in tricotsteek over alle 4 naalden en begin met 5 rondes in jade. Ga dan verder in jacquardpatroon B in jade en ecru. Brei ronde 1-4 van het telpatroon 4 x, dan ronde 1-2 nog 1 x. Knip de jade draad af en ga verder in jacquardpatroon C in mosterd en ecru. Brei ronde 3-4 van het telpatroon 1 x, dan ronde 1-4 nog 6 x. Knip de ecru draad af en maak de sok af in mosterd. Begin op 20 cm van het midden van de hiel met minderen voor de stompe teen.

Brei de STOMPE TEEN volgens de instructies op blz. 187 en maas de opening dicht (zie blz. 188).
Werk alle draden af.
Brei de tweede sok op dezelfde manier.

ZO BREI JE DE SOKKEN IN ANDERE MATEN

MAAT 36/37
64 steken opzetten (= 16 per naald).
Voet: werk volgens het patroon. Brei ronde 3-4 van jacquardpatroon
C in mosterd en ecru 1 x en ronde 1-4 nog 5 x. Maak de sok af in
mosterd en begin op 18,5 cm van het midden van de hiel met minderen
voor de stompe teen.

MAAT 40/41
68 steken opzetten (= 17 per naald).
Voet: werk volgens het patroon. Brei ronde 1-4 van jacquardpatroon
B in jade en ecru 5 x en ronde 1-2 nog 1 x. Brei jacquardpatroon C
volgens de instructies en maak de sok af in mosterd. Begin op 21,5 cm
van het midden van de hiel met minderen voor de stompe teen.

MAAT 42/43
68 steken opzetten (= 17 per naald).
Voet: werk volgens het patroon. Brei ronde 1-4 van jacquardpatroon
B in jade en ecru 6 x en ronde 1-2 nog 1 x. Brei jacquardpatroon C
volgens de instructies en maak de sok af in mosterd. Begin op 23 cm
van het midden van de hiel met minderen voor de stompe teen.

maat 44/45
72 steken opzetten (= 18 per naald).
Voet: werk volgens het patroon. Brei ronde 1-4 van jacquardpatroon
B in jade en ecru 6 x en ronde 1-2 nog 1 x. Brei ronde 3 en 4 van
jacquardpatroon C 1 x en ronde 1-4 nog 7 x in mosterd en ecru. Maak
de sok af in mosterd en begin op 24,5 cm van het midden van de hiel
met minderen voor de stompe teen.

SOXX NR. 10

MOEILIJKHEIDSGRAAD 1

MAAT

38/39

MATERIAAL

Lang Yarns Jawoll (LL ca. 210 m/50 g) in mosterd (Kl 150), ecru (Kl 94) en petrol (Kl 288), elk 50 g

5 sokkenbreinaalden 2,5-3,0 mm

STEKENPROEF

In tricotsteek met naalden 2,5-3,0 mm
32 steken en 36 rondes = 10 cm x 10 cm

Tricotsteek

Brei heengaande toer (GK) R, teruggaande toer (VK) AV. Brei bij rondes alles R.

Boordpatroon

Afwisselend 1 R, 1 AV.

INSTRUCTIES

Zet 60 steken op in mosterd, verdeel ze over 4 naalden (= 15 per naald) en sluit de ronde.

Brei voor de BOORD 12 rondes (= 3 cm) in boordpatroon. Knip de draad af.

Brei het BEENSTUK in tricotsteek. Brei *5 rondes ecru, 5 rondes petrol. Herhaal vanaf * 6 x. Eindig het beenstuk met 2 rondes in mosterd.

Brei de BOEMERANGHIEL in tricotsteek in mosterd over de 30 steken van de 4e en 1e naald volgens de instructies op blz. 181.

Brei de VOET in tricotsteek over de steken van alle 4 naalden. Begin met 1 ronde in mosterd en knip de draad af. Brei verder: *5 rondes petrol, 5 rondes ecru. Herhaal vanaf * 4 x. Brei nog 5 rondes in petrol en knip de draden af. Ga verder in mosterd en begin op 20 cm van het midden van de hiel met minderen voor de stompe teen.

Brei de STOMPE TEEN volgens de instructies op blz. 187. Maas de opening dicht (zie blz. 188).

Werk alle draden af.

Brei de tweede sok op dezelfde manier.

ZO BREI JE DE SOKKEN IN ANDERE MATEN

MAAT 36/37
60 steken opzetten (= 15 per naald).
Voet: brei 5 rondes petrol, 5 rondes ecru. Herhaal dit 3 x.
Ga volgens het patroon verder en begin op 18,5 cm van het midden van de hiel met minderen voor de stompe teen.

MAAT 40/41
64 steken opzetten (= 16 per naald).
Voet: brei 5 rondes petrol, 5 rondes ecru. Herhaal dit 4 x.
Ga volgens het patroon verder en begin op 21,5 cm van het midden van de hiel met minderen voor de stompe teen.

MAAT 42/43
64 steken opzetten (= 16 per naald).
Voet: brei 5 rondes petrol, 5 rondes ecru. Herhaal dit 5 x.
Ga volgens het patroon verder en begin op 23 cm van het midden van de hiel met minderen voor de stompe teen.

MAAT 44/45
68 steken opzetten (= 17 per naald).
Voet: brei 5 rondes petrol, 5 rondes ecru. Herhaal dit 5 x.
Ga volgens het patroon verder en begin op 24,5 cm van het midden van de hiel met minderen voor de stompe teen.

SOXX NR. 11

MOEILIJKHEIDSGRAAD 3

MAAT

38/39

MATERIAAL

Lang Yarns Jawoll (LL ca. 210 m/50 g)
in licht zand (Kl 226), mosterd (Kl 150), petrol
(Kl 288) en donker jade (Kl 388), elk 50 g

5 sokkenbreinaalden 2,5-3,0 mm

STEKENPROEF

In jacquardpatroon met naalden 2,5-3,0 mm
34 steken en 38 rondes = 10 cm x 10 cm

Tricotsteek

Brei heengaande toer (GK) R, teruggaande toer (VK) AV. Brei bij rondes alles R.

Boordpatroon

Afwisselend 1 R, 1 AV.

Jacquardpatroon A–C

Aantal steken deelbaar door 4.
Brei alle rondes in tricotsteek volgens het geldende telpatroon. Herhaal steeds het rapport van 4 steken.

Jacquardpatroon A

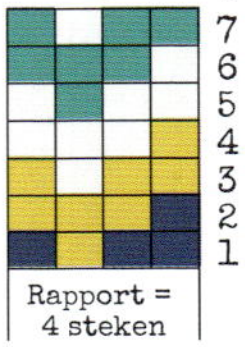

= petrol
= mosterd
= licht zand
= donker jade

Jacquardpatroon B

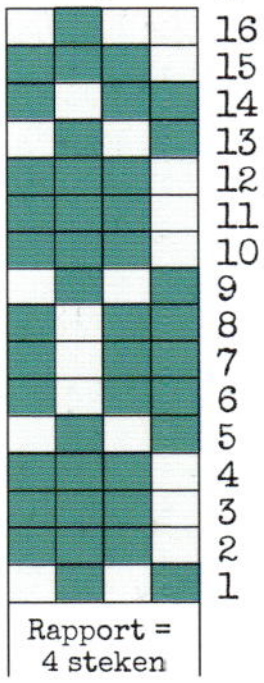

= donker jade
= licht zand

Jacquardpatroon C

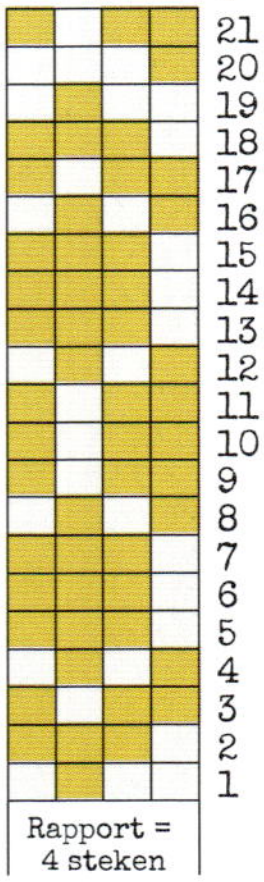

= licht zand
= mosterd

INSTRUCTIES

Zet 64 steken op in petrol, verdeel ze over 4 naalden (= 16 per naald) en sluit de ronde.
Brei voor de BOORD 15 rondes (= 3 cm) in boordpatroon.
Begin het BEENSTUK met 3 rondes in tricotsteek in petrol en ga verder in jacquardpatroon A in petrol, mosterd, licht zand en donker jade. Brei ronde 1-7 van het telpatroon 1 x. Knip de draden petrol en mosterd af. Ga door in jacquardpatroon B in donker jade en licht zand. Brei ronde 1-8 van het telpatroon 3 x, dan ronde 9-16 nog 1 x. Brei dan 1 ronde licht zand en 3 rondes mosterd. Herhaal dit en brei nog 1 ronde licht zand. Knip de draden af.
Brei de BOEMERANGHIEL in tricotsteek in petrol over de 32 steken van de 4e en 1e naald volgens de instructies op blz. 181.
Brei de VOET in tricotsteek over de steken van alle 4 naalden. Begin met 1 ronde petrol en knip de draad af. Brei dan 1 ronde licht zand en 3 rondes donker jade. Herhaal dit en brei nog 1 ronde licht zand. Ga verder in jacquardpatroon

C in licht zand en mosterd. Brei ronde 1-4 van het telpatroon 1 x, dan ronde 5-12 nog 3 x. Eindig met 1 x ronde 13-21. Ga nu als volgt verder: 4 rondes in mosterd, *1 ronde petrol, 1 ronde mosterd. Herhaal 2 x vanaf *. Knip de mosterd draad af en maak de sok af in petrol.

Begin op 17,5 cm van het midden van de hiel met minderen voor de bandteen. Brei de BANDTEEN in petrol volgens de instructies op blz. 187. Knip de draad af, haal hem naar binnen.
Werk alle draden af.
Brei de tweede sok op dezelfde manier.

ZO BREI JE DE SOKKEN IN ANDERE MATEN

MAAT 36/37
64 steken opzetten (= 16 per naald).
Voet, jacquardpatroon C: brei ronde 1-4 van het telpatroon 1 x, dan 2 x ronde 5-12 en 1 x ronde 13-19. Ga volgens het patroon verder en begin op 16 cm van het midden van de hiel met minderen voor de bandteen.

MAAT 40/41
68 steken opzetten (= 17 per naald).
Voet, jacquardpatroon C: brei ronde 1-4 van het telpatroon 1 x, dan 3 x ronde 5-12 en 1 x ronde 13-19. Ga volgens het patroon verder en begin op 19 cm van het midden van de hiel met minderen voor de bandteen.

MAAT 42/43
68 steken opzetten (= 17 per naald).
Voet, jacquardpatroon C: brei ronde 1-4 van het telpatroon 1 x, dan 4 x ronde 5-12 en 1 x ronde 13-19. Ga volgens het patroon verder en begin op 20,5 cm van het midden van de hiel met minderen voor de bandteen.

MAAT 44/45
72 steken opzetten (= 18 per naald).
Voet, jacquardpatroon C: brei ronde 1-4 van het telpatroon 1 x, dan 4 x ronde 5-12 en 1 x ronde 13-19. Ga volgens het patroon verder en begin op 22 cm van het midden van de hiel met minderen voor de bandteen.

Meer dan coole

Sokken

SOXX NR. 12

MOEILIJKHEIDSGRAAD 2

MAAT

42/43

MATERIAAL

Lang Yarns Jawoll (LL ca. 210 m/50 g)
in beige (Kl 45) en ecru (Kl 94), elk 50 g
en jeans (Kl 07), 100 g

5 sokkenbreinaalden 2,5-3,0 mm

STEKENPROEF

In jacquardpatroon met naalden 2,5-3,0 mm
32 steken en 42 rondes = 10 cm x 10 cm

Jacquardpatroon

Aantal steken deelbaar door 4.
Brei alle rondes in tricotsteek volgens het telpatroon. Herhaal steeds het rapport van 4 steken.

Jacquardpatroon

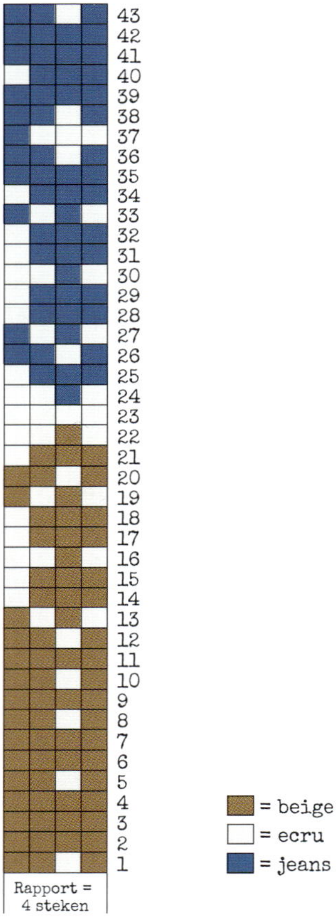

Tricotsteek

Brei heengaande toer (GK) R, teruggaande toer (VK) AV. Brei bij rondes alles R.

Recht verdraaid breien

Steek de naald van rechts naar links in de achterkant van de lus en brei de steek verder normaal R. Hierdoor draait de steek.

Boordpatroon

Afwisselend 1 Rver, 1 AV.

INSTRUCTIES

Zet 68 steken op in beige, verdeel ze over 4 naalden (= 17 per naald) en sluit de ronde.

Brei voor BOORD 15 rondes (= 3,5 cm) in boordpatroon.

Begin het BEENSTUK met 20 rondes in tricotsteek en ga dan door met het jacquardpatroon in beige, ecru en jeans. Brei ronde 1-43 van het tel-patroon 1 x. Knip de beige en ecru draad af en ga verder met jeans. Begin na een totale lengte van 20,5 cm met de hiel.

Brei de BOEMERANGHIEL in tricotsteek in jeans over de 34 steken van de 4e en 1e naald volgens de instructies op blz. 181.

ZO BREI JE DE SOKKEN IN ANDERE MATEN

MAAT 40/41

68 steken opzetten (= 17 per naald).

Voet: begin op 19 cm van het midden van de hiel met minderen voor de bandteen.

MAAT 44/45

72 steken opzetten (= 18 per naald).

Voet: begin op 22 cm van het midden van de hiel met minderen voor de bandteen.

MAAT 46/47

76 steken opzetten (= 19 per naald).

Voet: begin op 23,5 cm van het midden van de hiel met minderen voor de bandteen.

Brei de VOET in tricotsteek helemaal in jeans over de steken van alle 4 naalden. Begin op 20,5 cm van het midden van de hiel met minderen voor de bandteen.

Brei de BANDTEEN volgens de instructies op blz. 187. Knip de draad af en haal hem naar binnen. Werk alle draden af.
Brei de tweede sok op dezelfde manier.

SOXX NR. 13

MOEILIJKHEIDSGRAAD 2

MAAT

38/39

MATERIAAL

Lang Yarns Jawoll (LL ca. 210 m/50 g)
in donkerrood (Kl 61) en zand (Kl 22),
elk 50 g

5 sokkenbreinaalden 2,5-3,0 mm

STEKENPROEF

In jacquardpatroon met naalden 2,5-3,0 mm
32 steken en 36 rondes = 10 cm x 10 cm

Tricotsteek

Brei heengaande toer (GK) R, teruggaande toer (VK) AV. Brei bij rondes alles R.

Boordpatroon

Afwisselend 2 R, 2 AV.

Jacquardpatroon A en B

Aantal steken deelbaar door 4.
Brei alle rondes in tricotsteek volgens het geldende telpatroon. Herhaal steeds het rapport van 4 steken.

Jacquardpatroon A

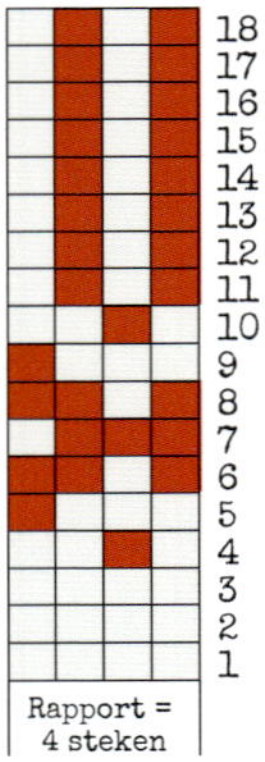

= zand
= donkerrood

Jacquardpatroon B

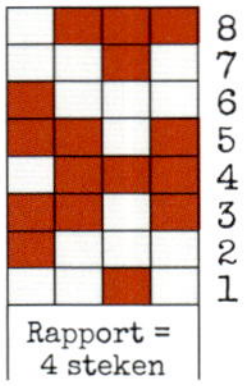

= zand
= donkerrood

INSTRUCTIES

Zet 64 steken op in donkerrood, verdeel ze over 4 naalden (= 16 per naald) en sluit de ronde.
Brei voor de BOORD 15 rondes (= 3,5 cm) in boordpatroon.
Begin het BEENSTUK in tricotsteek met 1 ronde in donkerrood en dan 8 rondes afwisselend 1 steek zand, 1 steek donkerrood. Ga verder in jacquardpatroon A en brei 2 x ronde 1-18. Knip de draad zand af.
Brei de HOLLANDSE HIEL in tricotsteek in donkerrood over de 32 steken van de 4e en 1e naald volgens de instructies op blz. 184. Knip de rode draad af.
Ga verder met de VOET in tricotsteek in zand over de steken van alle 4 naalden. Begin na 16,5 cm van het midden van de hiel in jacquardpatroon B in donkerrood en zand. Brei ronde 1-8 van het telpatroon 1 x. Knip de draad zand af en maak de sok af in donkerrood. Begin met minderen voor de stompe teen op 20 cm van het midden van de hiel.
Brei de STOMPE TEEN volgens de instructies op blz. 187. Maas de opening dicht (zie blz. 188) en werk alle draden af.
Brei de tweede sok op dezelfde manier.

ZO BREI JE DE SOKKEN IN ANDERE MATEN

MAAT 36/37
64 steken opzetten (= 16 per naald).
Voet: begin op 15 cm van het midden van de hiel met jacquard-patroon B in donkerrood en zand en brei 1 x ronde 1-8. Ga verder volgens instructies en begin op 18,5 cm van het midden van de hiel met minderen voor de stompe teen.

Vanaf maat 40/41 heb je van de kleur zand 100 g nodig.

MAAT 40/41
68 steken opzetten (= 17 per naald).
Voet: begin op 18 cm van het midden van de hiel met jacquard-patroon B in donkerrood en zand en brei 1 x ronde 1-8. Ga verder volgens instructies en begin op 21,5 cm van het midden van de hiel met minderen voor de stompe teen.

MAAT 42/43
68 steken opzetten (= 17 per naald).
Voet: begin op 19,5 cm van het midden van de hiel met jacquardpatroon B in donkerrood en zand en brei 1 x ronde 1-8. Ga verder volgens instructies en begin op 23 cm van het midden van de hiel met minderen voor de stompe teen.

MAAT 44/45
72 steken opzetten (= 18 per naald).
Voet: begin op 21 cm van het midden van de hiel met jacquard-patroon B in donkerrood en zand en brei 1 x ronde 1-8.Ga verder volgens instructies en begin op 24,5 cm van het midden van de hiel met minderen voor de stompe teen.

SOXX NR. 14

MOEILIJKHEIDSGRAAD 2

MAAT

38/39

MATERIAAL

Schachenmayr Regia 4-draads (LL ca. 210 m/50 g) in hout gemêleerd (Kl 2070), marine (Kl 324) en helderwit (Kl 2080), elk 50 g

5 sokkenbreinaalden 2,5-3,0 mm

STEKENPROEF

In jacquardpatroon met naalden 2,5-3,0 mm
32 steken en 38 rondes = 10 cm x 10 cm

Tricotsteek

Brei heengaande toer (GK) R, teruggaande toer (VK) AV. Brei bij rondes alles R.

Boordpatroon

Afwisselend 1 R, 1 AV.

Jacquardpatroon

Aantal steken deelbaar door 4.
Brei alle rondes in tricotsteek volgens het telpatroon. Herhaal steeds het rapport van 4 steken.

Jacquardpatroon

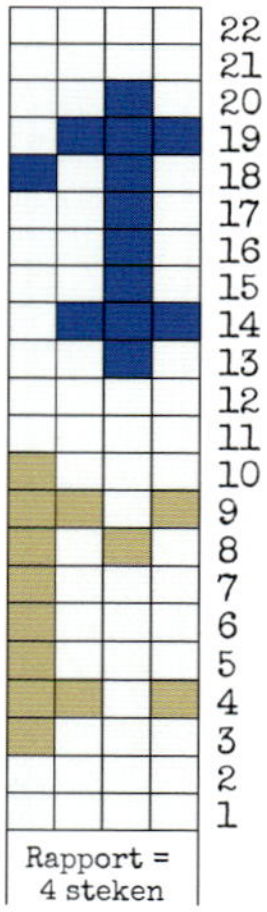

= helderwit
= hout gemêleerd
= marine

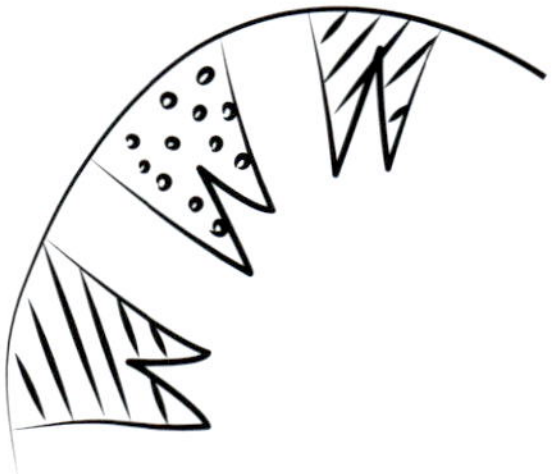

INSTRUCTIES

Zet 60 steken op in hout gemêleerd, verdeel ze over 4 naalden (= 15 per naald) en sluit de ronde.
Brei voor de BOORD 13 rondes (= 3 cm) in boordpatroon.
Brei het BEENSTUK in tricotsteek: brei 1 ronde hout gemêleerd, 3 rondes marine en herhaal dat 3 x. Ga verder in jacquardpatroon met alle drie kleuren. Brei ronde 1-22 van het telpatroon 1 x. Knip de witte draad af, brei 3 rondes marine en 1 ronde hout gemêleerd en herhaal dat 2 x. Maak het beenstuk af met 3 rondes marine en knip de draad af.
Brei de HOLLANDSE HIEL in tricotsteek in hout gemêleerd over de 30 steken van de 4e en 1e naald volgens de instructies op blz. 184.
Ga door met de VOET in tricotsteek over de steken van alle 4 naalden. Brei 3 rondes hout gemêleerd en 1 ronde marine en herhaal dat 12 x. Knip de marine draad af en maak de sok af in hout gemêleerd.
Begin op 17,5 cm van het midden van de hiel met minderen voor de bandteen.
Brei de BANDTEEN volgens de instructies op blz. 187. Knip de draad af en haal hem naar binnen.
Werk alle draden af.
Brei de tweede sok op dezelfde manier.

ZO BREI JE DE SOKKEN IN ANDERE MATEN

MAAT 36/37
60 steken opzetten (= 15 per naald).
Voet: brei 3 rondes hout gemêleerd, 1 ronde marine en herhaal dat 10 x. Ga verder volgens instructies en begin op 16 cm van het midden van de hiel met minderen voor de bandteen.

MAAT 40/41
64 steken opzetten (= 16 per naald).
Voet: brei 3 rondes hout gemêleerd, 1 ronde marine en herhaal dat 13 x. Ga verder volgens instructies en begin op 19 cm van het midden van de hiel met minderen voor de bandteen.

MAAT 42/43
64 steken opzetten (= 16 per naald).
Voet: brei 3 rondes hout gemêleerd, 1 ronde marine en herhaal dat 15 x. Ga verder volgens instructies en begin op 20,5 cm van het midden van de hiel met minderen voor de bandteen.

MAAT 44/45
68 steken opzetten (= 17 per naald).
Voet: brei 3 rondes hout gemêleerd, 1 ronde marine en herhaal dat 16 x. Ga verder volgens instructies en begin op 22 cm van het midden van de hiel met minderen voor de bandteen.

SOXX NR. 15

MOEILIJKHEIDSGRAAD 3

MAAT

38/39

MATERIAAL

Lang Yarns Jawoll (LL ca. 210 m/50 g)
in marine (Kl 25), wit (Kl 01), blauw (Kl 32) en
zand (Kl 22), elk 50 g

5 sokkenbreinaalden 2,5-3,0 mm

STEKENPROEF

In jacquardpatroon met naalden 2,5-3,0 mm
32 steken en 38 rondes = 10 cm x 10 cm

Tricotsteek

Brei heengaande toer (GK) R, teruggaande toer (VK) AV. Brei bij rondes alles R.

Boordpatroon

Afwisselend 2 R, 2 AV.

Jacquardpatroon A en B

Aantal steken deelbaar door 4.
Brei alle rondes in tricotsteek volgens het geldende telpatroon. Herhaal steeds het rapport van 4 steken.

Jacquardpatroon A

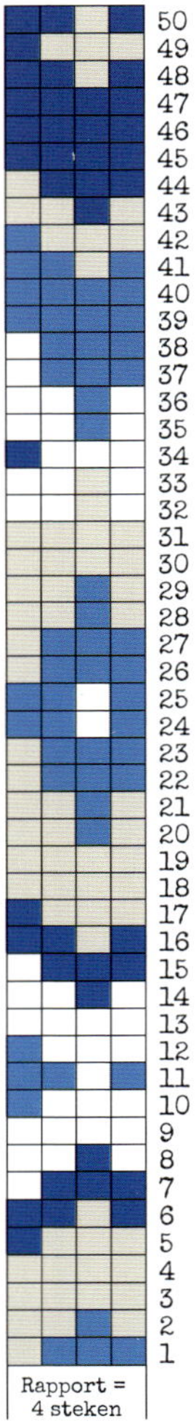

- = blauw
- = zand
- = marine
- = wit

Jacquardpatroon B

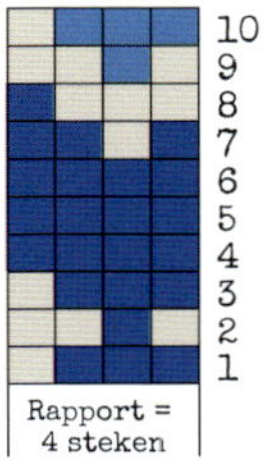

- = marine
- = zand
- = blauw

INSTRUCTIES

Zet 64 steken op in blauw, verdeel ze over 4 naalden (= 16 per naald) en sluit de ronde.

Brei voor de BOORD 15 rondes (= 3,5 cm) in boordpatroon.

Brei het BEENSTUK in tricotsteek en begin met 2 rondes blauw. Ga dan door in jacquardpatroon A in blauw, zand, marine en wit. Brei ronde 1-50 van het telpatroon 1 x. Knip de draden blauw, wit en zand af en brei nog 10 rondes in marine.

Brei de HOLLANDSE HIEL in tricotsteek in marine over de 32 steken van de 4e en 1e naald volgens de instructies op blz. 134.

Ga voor de VOET in marine in tricotsteek verder over de steken van alle 4 naalden. Ga op 14 cm van het midden van de hiel verder in jacquardpatroon B in tricotsteek in marine, zand en blauw. Brei ronde 1-10 van het telpatroon 1 x. Knip de draden marine en zand af. Brei verder in blauw en begin op 20 cm van het midden van de hiel met minderen voor de stompe teen.

Brei de STOMPE TEEN volgens de instructies op blz. 187. Maas de opening dicht (zie blz. 188).

Werk alle draden af.
Brei de tweede sok op dezelfde manier.

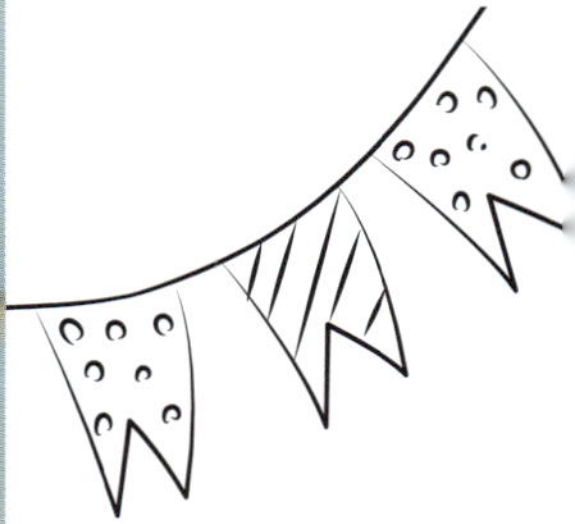

ZO BREI JE DE SOKKEN IN ANDERE MATEN

MAAT 36/37
64 steken opzetten (= 16 per naald).
Voet: ga op 12,5 cm van het midden van de hiel verder in jacquard-patroon B in marine, zand en blauw. Brei ronde 1-10 van het tel-patroon 1 x. Ga verder volgens instructies en begin op 18,5 cm van het midden van de hiel met minderen voor de stompe teen.

MAAT 40/41
68 steken opzetten (= 17 per naald).
Voet: ga op 15,5 cm van het midden van de hiel verder in jacquard-patroon B in marine, zand en blauw. Brei ronde 1-10 van het tel-patroon 1 x. Ga verder volgens instructies en begin op 21,5 cm van het midden van de hiel met minderen voor de stompe teen.

MAAT 42/43
68 steken opzetten (= 17 per naald).
Voet: ga op 17 cm van het midden van de hiel verder in jacquard-patroon B in marine, zand en blauw. Brei ronde 1-10 van het tel-patroon 1 x. Ga verder volgens instructies en begin op 23 cm van het midden van de hiel met minderen voor de stompe teen.

MAAT 44/45
72 steken opzetten (= 18 per naald).
Voet: ga op 18,5 cm van het midden van de hiel verder in jacquard-patroon B in marine, zand en blauw. Brei ronde 1-10 van het tel-patroon 1 x. Ga verder volgens instructies en begin op 24,5 cm van het midden van de hiel met minderen voor de stompe teen.

Dit zijn nog eens

Sokken

SOXX NR. 16

MOEILIJKHEIDSGRAAD 3

MAAT

38/39

MATERIAAL

Lang Yarns Jawoll (LL ca. 210 m/50 g)
in hemels (Kl 110), rood (Kl 60) en wit (Kl 01),
elk 50 g

5 sokkenbreinaalden 2,5-3,0 mm

STEKENPROEF

In jacquardpatroon met naalden 2,5-3,0 mm
34 steken en 38 rondes = 10 cm x 10 cm

Jacquardpatroon A en B

Aantal steken deelbaar door 4.
Brei alle rondes in tricotsteek volgens het geldende telpatroon. Herhaal steeds het rapport van 4 steken.

Jacquardpatroon A

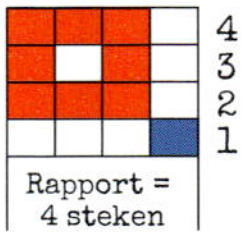

= hemels
= wit
= rood

Jacquardpatroon B

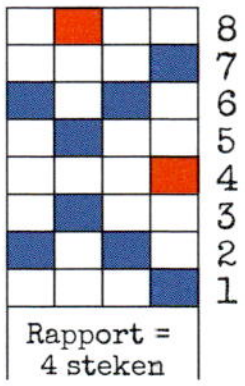

= hemels
= wit
= rood

Tricotsteek

Brei heengaande toer (GK) R, teruggaande toer (VK) AV. Brei bij rondes alles R.

Boordpatroon

Afwisselend 1 R, 1 AV.

Jacquardpatroon C

Aantal steken deelbaar door 2.
Brei alle rondes in tricotsteek volgens het geldende telpatroon. Herhaal steeds het rapport van 2 steken. Begin bij een oneven aantal steken per naald met de 2e steek.

Jacquardpatroon C

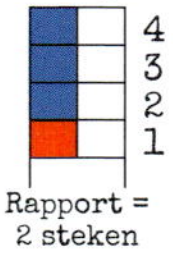

= wit
= rood
= hemels

INSTRUCTIES

Zet 64 steken op in rood, verdeel ze over 4 naalden (= 16 per naald) en sluit de ronde.

Brei voor de BOORD 10 rondes (= 2 cm) in boordpatroon.

Brei het BEENSTUK in tricotsteek en begin met 5 rondes 1 steek wit, 1 steek hemels. Ga dan door in jacquardpatroon A in hemels, wit en rood. Brei ronde 1-4 van het telpatroon 3 x. Ga door in jacquardpatroon B. Brei ronde 1-8 van het telpatroon 4 x, dan ronde 1-7 nog 1 x. Knip de rode en witte draad af.

Brei de HOLLANDSE HIEL in tricotsteek in hemels over de 32 steken van de 4e en 1e naald volgens de instructies op blz. 184. Neem de steken langs de grote hiel op volgens jacquardpatroon C met afwisselend 1 steek rood, 1 steek wit.

Brei de VOET in tricotsteek over de steken van alle 4 naalden. De bovenvoet (2e en 3e naald) krijgt jacquardpatroon B in hemels, wit en rood. Brei de 8e ronde van het telpatroon 1 x, dan 6 x ronde 1-8 en dan nog 1 x ronde 1-3. Brei tegelijkertijd de voetzool (4e en 1e naald) in

jacquardpatroon C. Brei ronde 1-4 van het telpatroon 13 x. Brei de laatste steek van de 1e naald en de eerste steek van de 4e naald steeds in jacquard-patroon B, zodat de overgang van boven-voet naar voetzool er mooi uitziet.
Knip de hemelse draad af en brei dan steeds 1 ronde wit, 1 ronde rood.

Begin op 17,5 cm van het midden van de hiel met minderen voor de BANDTEEN.
Brei de BANDTEEN volgens de instructies op blz. 187 in dezelfde rood/witte strepen. Knip de draden af en haal ze naar binnen.
Werk alle draden af.
Brei de tweede sok op dezelfde manier.

ZO BREI JE DE SOKKEN IN ANDERE MATEN

MAAT 36/37

64 steken opzetten (= 16 per naald).

Voet, jacquardpatroon B: brei 1 x ronde 8, dan 5 x ronde 1-8 en 1 x ronde 1-3. Ga verder volgens instructies en begin op 16 cm van het midden van de hiel met minderen voor de bandteen.

MAAT 40/41

68 steken opzetten (= 17 per naald).

Voet, jacquardpatroon B: brei 1 x ronde 8, dan 6 x ronde 1-8 en 1 x ronde 1-7. Ga verder volgens instructies en begin op 19 cm van het midden van de hiel met minderen voor de bandteen.

MAAT 42/43

68 steken opzetten (= 17 per naald).

Voet, jacquardpatroon B: brei 1 x ronde 8, dan 7 x ronde 1-8 en 1 x ronde 1-3. Ga verder volgens instructies en begin op 20,5 cm van het midden van de hiel met minderen voor de bandteen.

MAAT 44/45

72 steken opzetten (= 18 per naald).

Voet, jacquardpatroon B: brei 1 x ronde 8, dan 8 x ronde 1-8 en 1 x ronde 1-3. Ga verder volgens instructies en begin op 22 cm van het midden van de hiel met minderen voor de bandteen.

SOXX NR. 17

MOEILIJKHEIDSGRAAD 2

MAAT

38/39

MATERIAAL

Schachenmayr Regia 4-draads (LL ca. 210 m/50 g) in kersenrood (Kl 2002), helderwit (Kl 2080) en marine (Kl 324), elk 50 g

5 sokkenbreinaalden 2,5–3,0 mm

STEKENPROEF

In jacquardpatroon met naalden 2,5–3,0 mm
32 steken en 34 rondes = 10 cm x 10 cm

ZO BREI JE DE SOKKEN IN ANDERE MATEN

MAAT 36/37
60 steken opzetten (= 15 per naald).
Voet: begin op 16 cm van het midden van de hiel met minderen voor de bandteen.

MAAT 40/41
64 steken opzetten (= 16 per naald).
Voet: begin op 19 cm van het midden van de hiel met minderen voor de bandteen.

MAAT 42/43
64 steken opzetten (= 16 per naald).
Voet: begin op 20,5 cm van het midden van de hiel met minderen voor de bandteen.

MAAT 44/45
68 steken opzetten (= 17 per naald).
Voet: begin op 22 cm van het midden van de hiel met minderen voor de bandteen.

Tricotsteek

Brei heengaande toer (GK) R, teruggaande toer (VK) AV. Brei bij rondes alles R.

Boordpatroon

Afwisselend 1 Rver, 1 AV.

Recht verdraaid breien

Steek de naald van rechts naar links in de achterkant van de lus en brei de steek verder normaal R. Hierdoor draait de steek.

Jacquardpatroon

Aantal steken deelbaar door 4.
Brei alle rondes in tricotsteek volgens het telpatroon. Herhaal steeds het rapport van 4 steken.

Jacquardpatroon

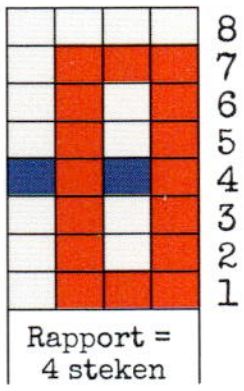

= kersenrood
= helderwit
= marine

INSTRUCTIES

Zet 60 steken op in marine, verdeel ze over 4 naalden (= 15 per naald) en sluit de ronde.
Brei voor de BOORD 10 rondes (= 2,5 cm) in boordpatroon.
Begin het BEENSTUK in tricotsteek met 1 ronde marine, 1 ronde helderwit en herhaal dat 3 x. Ga verder met het jacquardpatroon in kersenrood, helderwit en marine. Brei ronde 1-8 van het telpatroon 3 x. Brei daarna 1 ronde marine, 1 ronde helderwit en herhaal dat 3 x.
Knip de draden marine en helderwit af.
Brei de BOEMERANGHIEL in tricotsteek in kersenrood over de 30 steken van de 4e en 1e naald volgens de instructies op blz. 131.
Brei daarna de VOET in tricotsteek in kersenrood over de steken van alle 4 naalden. Begin op 17,5 cm van het midden van de hiel met minderen voor de bandteen.
Brei de BANDTEEN volgens de instructies op blz. 187. Knip de draad af en haal hem naar binnen.
Werk alle draden af.
Brei de tweede sok op dezelfde manier.

SOXX NR. 18

MOEILIJKHEIDSGRAAD 1

MAAT

38/39

MATERIAAL

Schachenmayr Regia 4-draads (LL ca. 210 m/50 g) in kersenrood (Kl 2002), helderwit (Kl 2080) en lichtblauw (Kl 1945), elk 50 g

5 sokkenbreinaalden 2,5-3,0 mm

STEKENPROEF

In tricotsteek met naalden 2,5-3,0 mm
30 steken en 34 rondes = 10 cm x 10 cm

Tricotsteek

Brei heengaande toer (GK) R, teruggaande toer (VK) AV. Brei bij rondes alles R.

Boordpatroon

Afwisselend 1 R, 1 AV.

INSTRUCTIES

Zet 60 steken op in lichtblauw, verdeel ze over 4 naalden (= 15 per naald) en sluit de ronde.
Brei voor de BOORD 1 ronde lichtblauw, 9 rondes helderwit, 3 rondes lichtblauw in boordpatroon (= 3 cm).
Begin het BEENSTUK in tricotsteek met 3 rondes helderwit, 3 rondes lichtblauw en herhaal dit 1 x. Knip de lichtblauwe draad af en ga verder met 3 rondes helderwit, 3 rondes kersenrood. Herhaal dat 8 x. Knip de rode en witte draad af.
Brei de HOLLANDSE HIEL in tricotsteek in lichtblauw over de 30 steken van de 4e en 1e naald volgens de instructies op blz. 184. Knip de lichtblauwe draad af.
Brei de VOET in tricotsteek over de steken van alle 4 naalden. Brei afwisselend 3 rondes helderwit, 3 rondes kersenrood tot aan het einde. Begin op 20 cm van het midden van de hiel met minderen voor de stompe teen.
Brei de STOMPE TEEN volgens de instructies op blz. 187. Maas de opening dicht (zie blz. 188).
Werk alle draden af.
Brei de tweede sok op dezelfde manier.

ZO BREI JE DE SOKKEN IN ANDERE MATEN

MAAT 36/37
60 steken opzetten (= 15 per naald).
Voet: begin op 18,5 cm van het midden van de hiel met minderen voor de stompe teen.

MAAT 40/41
64 steken opzetten (= 16 per naald).
Voet: begin op 21,5 cm van het midden van de hiel met minderen voor de stompe teen.

MAAT 42/43
64 steken opzetten (= 16 per naald).
Voet: begin op 23 cm van het midden van de hiel met minderen voor de stompe teen.

MAAT 44/45
68 steken opzetten (= 17 per naald).
Voet: begin op 24,5 cm van het midden van de hiel met minderen voor de stompe teen.

SOXX NR. 19

MOEILIJKHEIDSGRAAD 2

MAAT

38/39

MATERIAAL

Schachenmayr Regia 4-draads (LL ca. 210 m/50 g) in kersenrood (Kl 2002), helderwit (Kl 2080) en lichtblauw (Kl 1945), elk 50 g

5 sokkenbreinaalden 2,5-3,0 mm

STEKENPROEF

In jacquardpatroon met naalden 2,5-3,0 mm
32 steken en 34 rondes = 10 cm x 10 cm

Tricotsteek

Brei heengaande toer (GK) R, teruggaande toer (VK) AV. Brei bij rondes alles R.

Boordpatroon

Afwisselend 1 R, 1 AV.

Jacquardpatroon A en B

Aantal steken deelbaar door 4.
Brei alle rondes in tricotsteek volgens het geldende telpatroon. Herhaal steeds het rapport van 4 steken.

Jacquardpatroon A

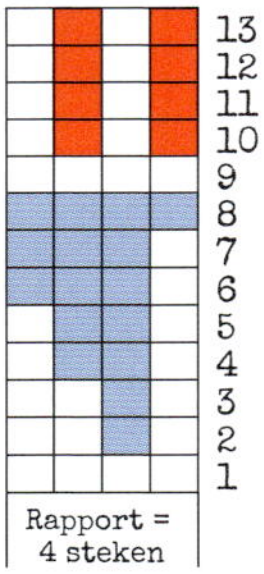

- = helderwit
- = lichtblauw
- = kersrenrood

Jacquardpatroon B

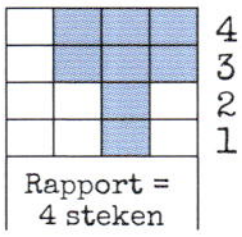

- = helderwit
- = lichtblauw

INSTRUCTIES

Zet 64 steken op in kersenrood, verdeel ze over 4 naalden (= 16 per naald) en sluit de ronde.
Brei voor de BOORD 11 rondes in boordpatroon in kersenrood en 4 rondes 1 steek rood, 1 steek wit (= 3,5 cm).
Begin het BEENSTUK in tricotsteek in jacquardpatroon A in helderwit, lichtblauw en kersenrood. Brei ronde 1-13 van het telpatroon 3 x, dan ronde 1-8 nog 1 x. Brei dan 2 rondes wit, 2 rondes rood en herhaal dat 1 x. Knip de draden af.
Brei de BOEMERANGHIEL in tricotsteek in helderwit over de 32 steken van de 4e en 1e naald volgens de instructies op blz. 181.
Brei de VOET in tricotsteek over de steken van alle 4 naalden. Brei 2 rondes kersenrood, 2 rondes helderwit en herhaal dat 11 x. Knip de rode draad af. Ga verder in jacquardpatroon B in helderwit en lichtblauw. Brei ronde 1-4 van het telpatroon 1 x en knip de witte draad af. Maak de sok af in

lichtblauw. Begin op 17,5 cm van het midden van de hiel met minderen voor de bandteen.

Brei de BANDTEEN volgens de instructies op blz. 187. Knip de draad af en haal hem naar binnen.
Werk alle draden af.
Brei de tweede sok op dezelfde manier.

ZO BREI JE DE SOKKEN IN ANDERE MATEN

MAAT 36/37
64 steken opzetten (= 16 per naald).
Voet: brei 2 rondes kersenrood, 2 rondes helderwit en herhaal dat 9 x. Ga verder in jacquardpatroon B en begin op 16 cm van het midden van de hiel met minderen voor de bandteen.

MAAT 40/41
68 steken opzetten (= 17 per naald).
Voet: brei 2 rondes kersenrood, 2 rondes helderwit en herhaal dat 12 x. Ga verder in jacquardpatroon B en begin op 19 cm van het midden van de hiel met minderen voor de bandteen.

MAAT 42/43
68 steken opzetten (= 17 per naald).
Voet: brei 2 rondes kersenrood, 2 rondes helderwit en herhaal dat 13 x. Ga verder in jacquardpatroon B en begin op 20,5 cm van het midden van de hiel met minderen voor de bandteen.

maat 44/45
72 steken opzetten (= 18 per naald).
Voet: brei 2 rondes kersenrood, 2 rondes helderwit en herhaal dat 14 x. Ga verder in jacquardpatroon B en begin op 22 cm van het midden van de hiel met minderen voor de bandteen.

Niet voor saaie

Sokken

SOXX NR. 20

MOEILIJKHEIDSGRAAD 3

MAAT

38/39

MATERIAAL

Lang Yarns Jawoll (LL ca. 210 m/50 g)
in lichtgrijs (Kl 23), antraciet (Kl 70) en
mosterd (Kl 150), elk 50 g

5 sokkenbreinaalden 2,5-3,0 mm

STEKENPROEF

In jacquardpatroon met naalden 2,5-3,0 mm
32 steken en 34 rondes = 10 cm x 10 cm

Tricotsteek

Brei heengaande toer (GK) R, teruggaande toer (VK) AV. Brei bij rondes alles R.

Boordpatroon

Afwisselend 1 R, 1 AV.

Jacquardpatroon A en B

Aantal steken deelbaar door 4.
Brei alle rondes in tricotsteek volgens het geldende telpatroon. Herhaal steeds het rapport van 4 steken.

Jacquardpatroon A

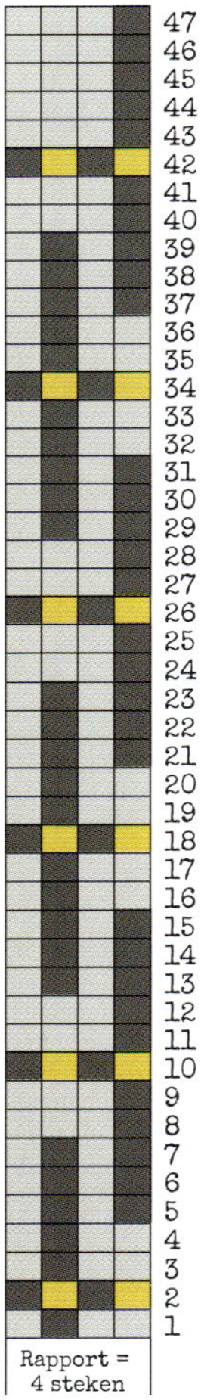

= lichtgrijs
= antraciet
= mosterd

Jacquardpatroon B

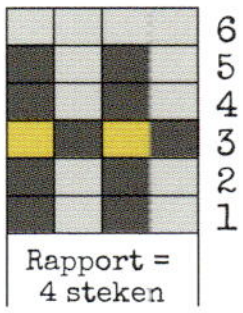

= lichtgrijs
= antraciet
= mosterd

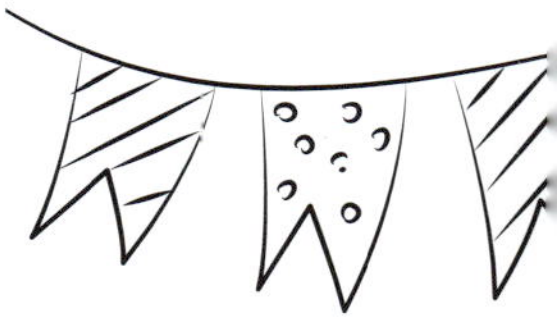

INSTRUCTIES

Zet 64 steken op in lichtgrijs, verdeel ze over 4 naalden (= 16 per naald) en sluit de ronde.

Brei voor de BOORD 10 rondes (= 2 cm) in boordpatroon.

Begin het BEENSTUK in tricotsteek met 3 rondes lichtgrijs en ga dan verder in jacquardpatroon A in lichtgrijs, antraciet en mosterd. Brei ronde 1-47 van het telpatroon 1 x. Knip de draden mosterd en antraciet af en brei nog 5 rondes in lichtgrijs.

Brei de HOLLANDSE HIEL in tricotsteek over de 32 steken van de 4e en 1e naald volgens de instructies op blz. 184.

Brei de VOET in tricotsteek over de steken van alle 4 naalden. Begin met 20 rondes in lichtgrijs en ga dan door in jacquardpatroon B in lichtgrijs, antraciet en mosterd. Brei ronde 1-6 van het telpatroon 3 x. Knip de draden mosterd en antraciet af en brei verder in lichtgrijs. Begin op 17,5 cm van het midden van de hiel met minderen voor de bandteen.

Brei de BANDTEEN volgens de instructies op blz. 187. Knip de draad af en haal hem naar binnen.

Werk alle draden af.

Brei de tweede sok op dezelfde manier.

ZO BREI JE DE SOKKEN IN ANDERE MATEN

MAAT 36/37
64 steken opzetten (= 16 per naald).
Voet, jacquardpatroon B: brei 2 x ronde 1-6. Ga verder volgens instructies en begin op 16 cm van het midden van de hiel met minderen voor de bandteen.

MAAT 40/41
68 steken opzetten (= 17 per naald).
Voet, jacquardpatroon B: brei 4 x ronde 1-6. Ga verder volgens instructies en begin op 19 cm van het midden van de hiel met minderen voor de bandteen.

Vanaf maat 42/43 heb je van de kleur lichtgrijs 100 g nodig.

MAAT 42/43
68 steken opzetten (= 17 per naald).
Voet, jacquardpatroon B: brei 5 x ronde 1-6. Ga verder volgens instructies en begin op 20,5 cm van het midden van de hiel met minderen voor de bandteen.

MAAT 44/45
72 steken opzetten (= 18 per naald).
Voet, jacquardpatroon B: brei 6 x ronde 1-6. Ga verder volgens instructies en begin op 22 cm van het midden van de hiel met minderen voor de bandteen.

SOXX NR. 21

MOEILIJKHEIDSGRAAD 2

MAAT

42/43

MATERIAAL

Schachenmayr Regia 4-draads (LL ca. 210 m/50 g of 420 m/100 g)
in antraciet gemêleerd (Kl 522), 50 g en flanel gemêleerd (Kl 33), 100 g

5 sokkenbreinaalden 2,5-3,0 mm

STEKENPROEF

In jacquardpatroon met naalden 2,5-3,0 mm
32 steken en 42 rondes = 10 cm x 10 cm

Tricotsteek

Brei heengaande toer (GK) R, teruggaande toer (VK) AV. Brei bij rondes alles R.

Boordpatroon

Afwisselend 1 R, 1 AV.

Jacquardpatroon

Aantal steken deelbaar door 4.
Brei alle rondes in tricotsteek volgens het telpatroon. Herhaal steeds het rapport van 4 steken.

Jacquardpatroon

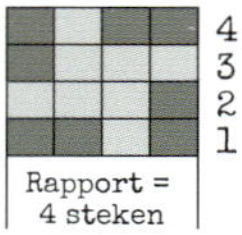

= antraciet gemêleerd
= flanel gemêleerd

INSTRUCTIES

Zet 68 steken op in antraciet, verdeel ze over 4 naalden (= 17 per naald) en sluit de ronde.
Brei voor de BOORD 10 rondes (= 3 cm) in boordpatroon.
Begin het BEENSTUK met 10 rondes in tricotsteek en ga dan door met het jacquardpatroon in antraciet en flanel gemêleerd. Brei ronde 1-4 van het telpatroon 10 x, dan ronde 1-2 nog 1 keer.
Knip de draad antraciet af en ga verder

ZO BREI JE DE SOKKEN IN ANDERE MATEN

MAAT 40/41
68 steken opzetten (= 17 per naald).
Voet: begin op 19 cm van het midden van de hiel met minderen voor de bandteen.

maat 44/45
72 steken opzetten (= 18 per naald).
Voet: begin op 22 cm van het midden van de hiel met minderen voor de bandteen.

maat 46/47
76 steken opzetten (= 19 per naald).
Voet: begin op 23,5 cm van het midden van de hiel met minderen voor de bandteen.

met flanel gemêleerd. Begin na een totale lengte van 19 cm met de hiel.
Brei de HOLLANDSE HIEL in flanel gemêleerd over de 34 steken van de 4e en 1e naald (zie blz. 184).
Brei de VOET in tricotsteek over de steken van alle 4 naalden in flanel gemêleerd. Begin op 20,5 cm van het midden van de hiel met minderen voor de bandteen.
Brei de BANDTEEN in flanel gemêleerd volgens de instructies op blz. 187. Knip de draad af en haal hem naar binnen.
Werk alle draden af.
Brei de tweede sok op dezelfde manier.

SOXX NR. 22

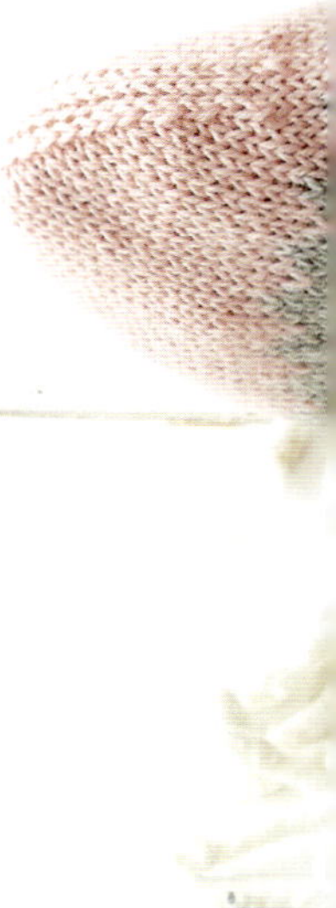

MOEILIJKHEIDSGRAAD 3

MAAT

38/39

MATERIAAL

Lang Yarns Jawoll (LL ca. 210 m/50 g)
in wit (Kl 07), fuchsia (Kl 184), lichtgrijs
(Kl 23) en lichtroze (Kl 109), elk 50 g

5 sokkenbreinaalden 2,5–3,0 mm

STEKENPROEF

In jacquardpatroon met naalden 2,5–3,0 mm
34 steken en 38 rondes = 10 cm x 10 cm

Tricotsteek

Brei heengaande toer (GK) R, teruggaande toer (VK) AV. Brei bij rondes alles R.

Boordpatroon

Afwisselend 1 R, 1 AV.

Jacquardpatroon A–D

Aantal steken deelbaar door 4.
Brei alle rondes in tricotsteek volgens het geldende telpatroon. Herhaal steeds het rapport van 4 steken.

Jacquardpatroon A

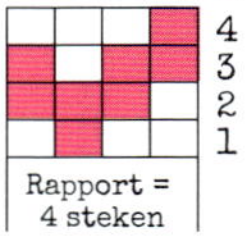

= wit
= fuchsia

Jacquardpatroon B

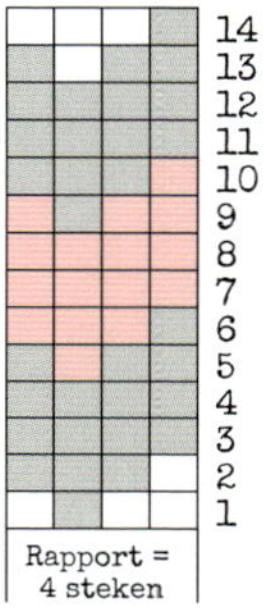

= wit
= lichtgrijs
= lichtroze

Jacquardpatroon C

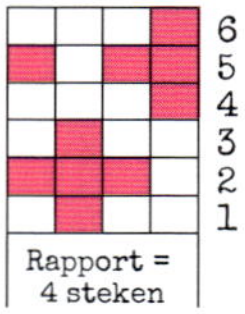

= wit
= fuchsia

Jacquardpatroon D

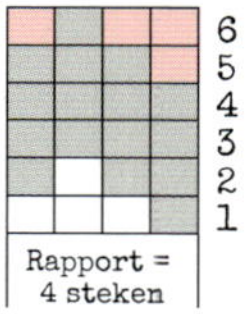

= lichtgrijs
= wit
= lichtroze

INSTRUCTIES

Zet 64 steken op in lichtroze, verdeel ze over 4 naalden (= 16 per naald) en sluit de ronde.
Brei voor de BOORD 12 rondes (= 2,5 cm) in boordpatroon. Knip de roze draad af.
Begin het BEENSTUK in tricotsteek met 1 ronde wit. Ga dan door in jacquardpatroon A in wit en fuchsia. Brei ronde 1-4 van het telpatroon 10 x. Knip de fuchsia draad af. Ga verder in jacquardpatroon B in wit, lichtgrijs en lichtroze. Brei ronde 1-10 van het telpatroon 1 x. Knip de witte en roze draad af.
Brei de BOEMERANGHIEL in tricotsteek in lichtgrijs over de 32 steken van de 4e en 1e naald volgens de instructies op blz. 181.
Brei de VOET over de steken van alle 4 naalden in tricotsteek in jacquardpatroon B in wit, lichtgrijs en lichtroze. Brei ronde 5-12 van het telpatroon 2 x en dan ronde 13 en 14 nog 1 x. Knip de grijze en roze draden af en ga verder in jacquardpatroon C in wit en fuchsia. Brei ronde 1-6 van het telpatroon 4 x

en dan ronde 1-3 nog 1 x. Knip de fuchsia draad af en ga verder in jacquardpatroon D in wit, lichtgrijs en lichtroze. Brei ronde 1-6 van het telpatroon 1 x. Knip de witte en grijze draad af en maak de sok af in lichtroze. Begin op 17,5 cm van het midden van de hiel met minderen voor de bandteen.

Brei de BANDTEEN in lichtroze volgens de instructies op blz. 187. Knip de draad af en haal hem naar binnen.
Werk alle draden af.
Brei de tweede sok op dezelfde manier.

ZO BREI JE DE SOKKEN IN ANDERE MATEN

MAAT 36/37
64 steken opzetten (= 16 per naald).
Voet, jacquardpatroon C: brei 3 x ronde 1-6, dan ronde 1-3 nog 1 x.
Ga verder volgens instructies en begin op 16 cm van het midden van de hiel met minderen voor de bandteen.

MAAT 40/41
68 steken opzetten (= 17 per naald).
Voet, jacquardpatroon C: brei 4 x ronde 1-6, dan ronde 1-3 nog 1 x.
Ga verder volgens instructies en begin op 19 cm van het midden van de hiel met minderen voor de bandteen.

MAAT 42/43
68 steken opzetten (= 17 per naald).
Voet, jacquardpatroon C: brei 5 x ronde 1-6, dan ronde 1-3 nog 1 x.
Ga verder volgens instructies en begin op 20,5 cm van het midden van de hiel met minderen voor de bandteen.

MAAT 44/45
72 steken opzetten (= 18 per naald).
Voet, jacquardpatroon C: brei 5 x ronde 1-6, dan ronde 1-3 nog 1 x.
Ga verder volgens instructies en begin op 22 cm van het midden van de hiel met minderen voor de bandteen.

SOXX NR. 23

MOEILIJKHEIDSGRAAD 2

MAAT

38/39

MATERIAAL

Lang Yarns Jawoll (LL ca. 210 m/50 g)
in lichtgrijs (Kl 23) en oranje (Kl 159),
elk 50 g

5 sokkenbreinaalden 2,5-3,0 mm

STEKENPROEF

In jacquardpatroon met naalden 2,5-3,0 mm
32 steken en 38 rondes = 10 cm x 10 cm

Tricotsteek

Brei heengaande toer (GK) R, teruggaande toer (VK) AV. Brei bij rondes alles R.

Boordpatroon

Afwisselend 1 R, 1 AV.

Jacquardpatroon A-B

Aantal steken deelbaar door 4.
Brei alle rondes in tricotsteek volgens het geldende telpatroon. Herhaal steeds het rapport van 4 steken.

Jacquardpatroon A

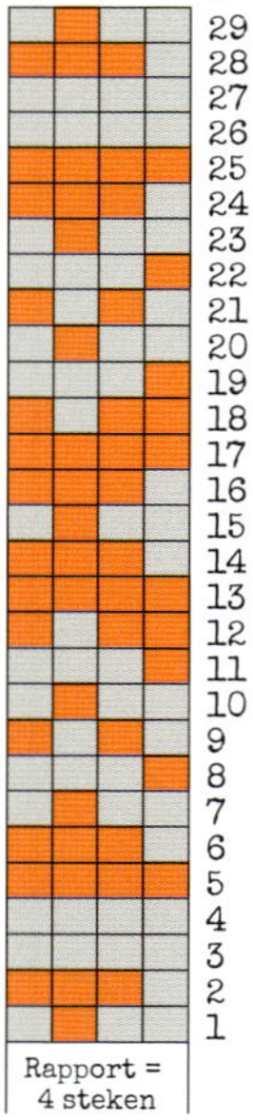

= lichtgrijs
= oranje

Jacquardpatroon B

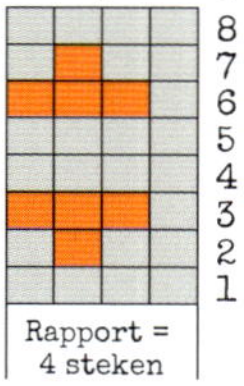

= lichtgrijs
= oranje

INSTRUCTIES

Zet 64 steken op in oranje, verdeel ze over 4 naalden (= 16 per naald) en sluit de ronde.
Brei voor de BOORD 3 rondes in oranje en 10 rondes in lichtgrijs (= 2,5 cm) in boordpatroon.
Begin het BEENSTUK in tricotsteek met 10 rondes in lichtgrijs en ga dan door in jacquardpatroon A in lichtgrijs en oranje. Brei ronde 1-29 van het telpatroon 1 x. Knip de oranje draad af en brei nog 10 rondes in lichtgrijs.
Ga door met de BOEMERANGHIEL in tricotsteek in lichtgrijs over de 32 steken van de 4e en 1e naald. Brei volgens de instructies op blz. 181.
Brei de VOET in tricotsteek over de steken van alle 4 naalden. Brei 9 rondes in lichtgrijs en ga dan door in jacquardpatroon B in lichtgrijs en oranje. Brei ronde 1-8 van het telpatroon 4 x. Knip de oranje draad af en maak de sok af in lichtgrijs. Begin op 17,5 cm van het midden van de hiel met minderen voor de bandteen.
Brei de BANDTEEN in lichtgrijs volgens de instructies op blz. 187. Knip de draad af en haal hem naar binnen.
Werk alle draden af.
Brei de tweede sok op dezelfde manier.

ZO BREI JE DE SOKKEN IN ANDERE MATEN

MAAT 36/37
64 steken opzetten (= 16 per naald).
Voet, jacquardpatroon B: brei 3 x ronde 1-8 en begin op 16 cm van het midden van de hiel met minderen voor de bandteen.

MAAT 40/41
68 steken opzetten (= 17 per naald).
Voet, jacquardpatroon B: brei 5 x ronde 1-8 en begin op 19 cm van het midden van de hiel met minderen voor de bandteen.

Vanaf maat 42/43 heb je van de kleur lichtgrijs 100 g nodig.

MAAT 42/43
68 steken opzetten (= 17 per naald).
Voet, jacquardpatroon B: brei 5 x ronde 1-8 en begin op 20,5 cm van het midden van de hiel met minderen voor de bandteen.

MAAT 44/45
72 steken opzetten (= 18 per naald).
Voet, jacquardpatroon B: brei 6 x ronde 1-8 en begin op 22 cm van het midden van de hiel met minderen voor de bandteen.

SOXX NR. 24+25

MOEILIJKHEIDSGRAAD 1

MAAT

38/39

MATERIAAL FÜR 2 PAAR SOCKEN

Schoppel ALB Lino (LL ca. 400 m/100g) in bordeaux (Kl 3285) en grijs mêlee (Kl 9200), 100 g

5 sokkenbreinaalden 3,0-4,0 mm

STEKENPROEF

In tricotsteek met naalden 3,0-4,0 mm
28 steken en 40 rondes = 10 cm x 10 cm

Tricotsteek

Brei heengaande toer (GK) R, teruggaande toer (VK) AV. Brei bij rondes alles R.

Boordpatroon

Afwisselend 2 R, 2 AV.

Jacquardpatroon

Aantal steken deelbaar door 4.
Brei alle rondes in tricotsteek volgens het telpatroon. Herhaal steeds het rapport van 4 steken.

Jacquardpatroon

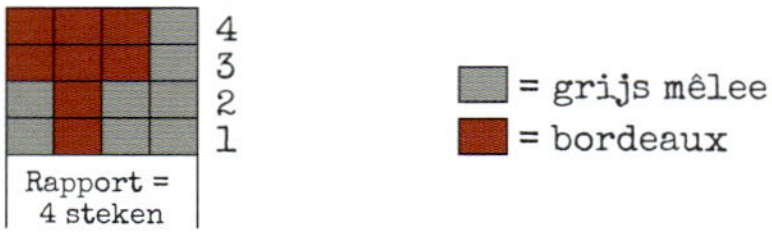

INSTRUCTIES SOXX NR. 24

Zet 56 steken op in grijs mêlee, verdeel ze over 4 naalden (= 14 per naald) en sluit de ronde.
Brei voor de BOORD 50 rondes (= 12 cm) in boordpatroon.
Begin het BEENSTUK in tricotsteek met 14 rondes in grijs mêlee en ga dan door met het jacquardpatroon in grijs mêlee en bordeaux. Brei ronde 1-4 van het telpatroon 1 x. Knip de grijze draad af en ga verder met 10 rondes in bordeaux.
Brei de BOEMERANGHIEL in tricotsteek in bordeaux over de 28 steken van de 4e en 1e naald volgens de instructies op blz. 181.
Brei dan de VOET in tricotsteek in bordeaux over de steken van alle 4 naalden. Begin op 17 cm van het midden van de hiel met afwisselend 2 rondes in grijs mêlee, 2 rondes bordeaux. Ga door met het streeppatroon en begin op 20 cm van het midden van de hiel met minderen voor de stompe teen.
Brei de STOMPE TEEN volgens de instructies op blz. 187. Maas de opening dicht (zie blz. 188).
Werk alle draden af. Sla de boord om.
Brei de tweede sok op dezelfde manier.

ZO BREI JE DE SOKKEN IN ANDERE MATEN

MAAT 36/37
56 steken opzetten (= 14 per naald).
Voet: brei na 15,5 cm van het midden van de hiel afwisselend 2 rondes grijs mêlee, 2 rondes bordeaux. Ga door met het streeppatroon en begin op 18,5 cm van het midden van de hiel met minderen voor de stompe teen.

MAAT 40/41
60 M 60 steken opzetten (= 15 per naald).
Voet: brei na 18,5 cm van het midden van de hiel afwisselend 2 rondes grijs mêlee, 2 rondes bordeaux. Ga door met het streeppatroon en begin op 21,5 cm van het midden van de hiel met minderen voor de stompe teen.

MAAT 42/43
60 steken opzetten (= 15 per naald).
Voet: brei na 20 cm van het midden van de hiel afwisselend 2 rondes grijs mêlee, 2 rondes bordeaux. Ga door met het streeppatroon en begin op 23 cm van het midden van de hiel met minderen voor de stompe teen.

MAAT 44/45
64 steken opzetten (= 16 per naald).
Voet: brei na 21,5 cm van het midden van de hiel afwisselend 2 rondes grijs mêlee, 2 rondes bordeaux. Ga door met het streeppatroon en begin op 24,5 cm van het midden van de hiel met minderen voor de stompe teen.

INSTRUCTIES SOXX NR. 25

Zet 56 steken op in bordeaux, verdeel ze over 4 naalden (= 14 per naald) en sluit de ronde.

Brei voor de BOORD 50 rondes (= 12 cm) in boordpatroon.

Brei voor het BEENSTUK in tricotsteek afwisselend 2 rondes bordeaux, 2 rondes grijs mêlee en herhaal dat 6 x. Knip de bordeaux draad af en brei nog 3 rondes in grijs mêlee.

Brei de BOEMERANGHIEL in grijs mêlee over de 28 steken van de 4e en 1e naald volgens de instructies op blz. 181.

Brei de VOET in tricotsteek in grijs mêlee over de steken van alle 4 naalden. Begin op 17 cm van het midden van de hiel met het jacquardpatroon in bordeaux en grijs mêlee. Brei ronde 1-4 van het telpatroon 1 x. Knip de grijze draad af en maak de sok af in bordeaux. Begin op 20 cm van het midden van de hiel met minderen voor de stompe teen.

Brei de STOMPE TEEN volgens de instructies op blz. 187. Maas de opening dicht (zie blz. 188).

Werk alle draden af. Sla de boord om.

Brei de tweede sok op dezelfde manier.

ZO BREI JE DE SOKKEN IN ANDERE MATEN

MAAT 36/37
56 steken opzetten (= 14 per naald).
Voet: brei na 15,5 cm van het midden van de hiel verder in jacquardpatroon in bordeaux en grijs. Brei 1 x ronde 1-4. Ga door volgens de instructies en begin op 18,5 cm van het midden van de hiel met minderen voor de stompe teen.

MAAT 40/41
60 steken opzetten (= 15 per naald).
Voet: brei na 18,5 cm van het midden van de hiel verder in jacquardpatroon in bordeaux en grijs. Brei 1 x ronde 1-4. Ga door volgens de instructies en begin op 21,5 cm van het midden van de hiel met minderen voor de stompe teen.

MAAT 42/43
60 steken opzetten (= 15 per naald).
Voet: brei na 20 cm van het midden van de hiel verder in jacquardpatroon in bordeaux en grijs. Brei 1 x ronde 1-4. Ga door volgens de instructies en begin op 23 cm van het midden van de hiel met minderen voor de stompe teen.

MAAT 44/45
64 steken opzetten (= 16 per naald).
Voet: brei na 21,5 cm van het midden van de hiel verder in jacquardpatroon in bordeaux en grijs. Brei 1 x ronde 1-4. Ga door volgens de instructies en begin op 24,5 cm van het midden van de hiel met minderen voor de stompe teen.

SOXX NR. 26

MOEILIJKHEIDSGRAAD 3

MAAT

38/39

MATERIAAL

Lang Yarns Jawoll (LL ca. 210 m/50 g)
in lichtgrijs (Kl 23), antraciet (Kl 70) en
poederroze (Kl 219), elk 50 g

5 sokkenbreinaalden 2,5-3,0 mm

STEKENPROEF

In jacquardpatroon met naalden 2,5-3,0 mm
32 steken en 36 rondes = 10 cm x 10 cm

Jacquardpatroon A en B

Aantal steken deelbaar door 4.
Brei alle rondes in tricotsteek volgens het geldende telpatroon. Herhaal steeds het rapport van 4 steken.

Jacquardpatroon A

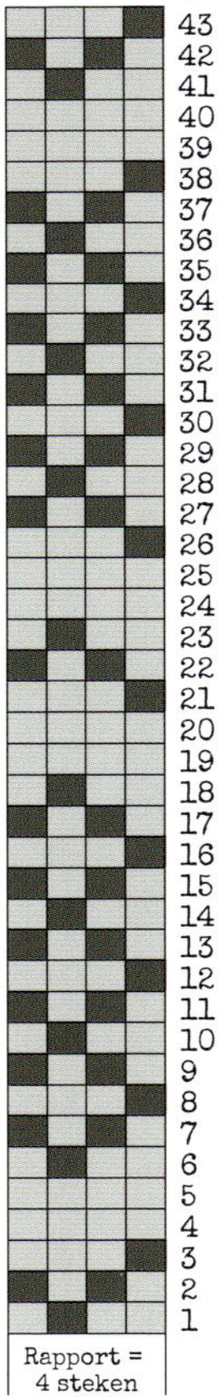

= lichtgrijs
= antraciet

Jacquardpatroon B

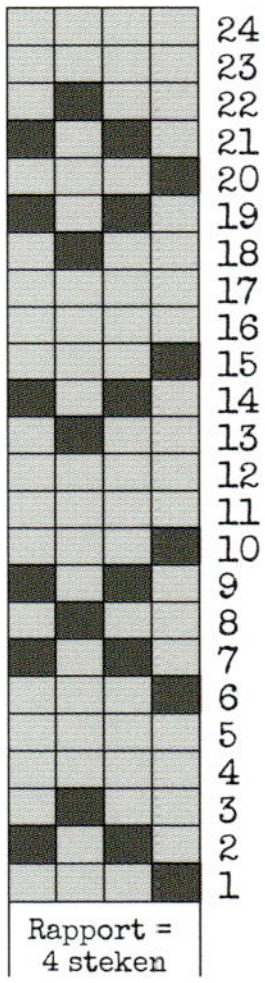

= antraciet
= lichtgrijs

Tricotsteek

Brei heengaande toer (GK) R, teruggaande toer (VK) AV. Brei bij rondes alles R.

Boordpatroon

Afwisselend 1 R, 1 AV.

INSTRUCTIES

Zet 64 steken op in lichtgrijs, verdeel ze over 4 naalden (= 16 per naald) en sluit de ronde.
Brei voor de BOORD 10 rondes in boordpatroon in lichtgrijs en 2 rondes in poederroze (= 3 cm). Knip de roze draad af.
Begin het BEENSTUK in tricotsteek met 2 rondes in lichtgrijs. Ga door in jacquardpatroon A in lichtgrijs en antraciet. Brei ronde 1-43 van het telpatroon 1 x. Knip beide draden af.
Brei de BOEMERANGHIEL volgens de instructies op blz. 181 in tricotsteek in poederroze over de 32 steken van de 4e en 1e naald. Knip dan de draad af.
Brei de VOET in tricotsteek over de steken van alle 4 naalden en begin met 2 rondes in lichtgrijs. Ga daarna door in jacquardpatroon B in antraciet en lichtgrijs. Brei ronde 1-24 van het telpatroon 1 x, daarna ronde 1-17 nog 1 x. Knip de draden af. Brei verder in tricotsteek in poederroze en begin op

17,5 cm van het midden van de hiel met minderen voor de bandteen.
Brei de BANDTEEN in poederroze volgens de instructies op blz. 187. Knip de draad af, haal hem naar binnen.

Werk alle draden af.
Brei de tweede sok op dezelfde manier.

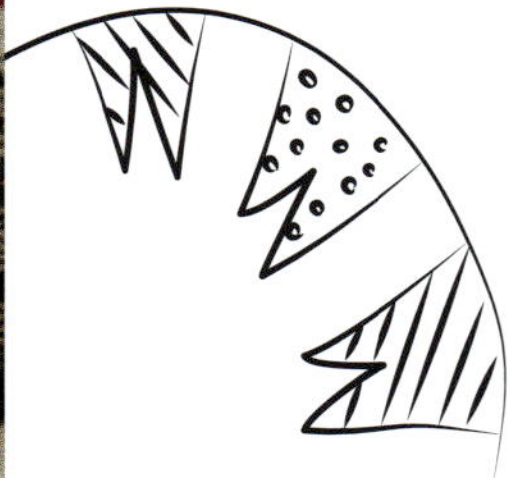

ZO BREI JE DE SOKKEN IN ANDERE MATEN

MAAT 36/37
64 steken opzetten (= 16 per naald).
Voet: brei 1 x ronde 1-24 en dan nog 1 x ronde 1-12 van jacquardpatroon B. Ga door volgens de instructies en begin op 16 cm van het midden van de hiel met minderen voor de bandteen.

MAAT 40/41
68 steken opzetten (= 17 per naald).
Voet: brei 2 x ronde 1-24 van jacquardpatroon B. Ga door volgens de instructies en begin op 19 cm van het midden van de hiel met minderen voor de bandteen.

MAAT 42/43
68 steken opzetten (= 17 per naald).
Voet: brei 2 x ronde 1-24 en dan nog 1 x ronde 1-5 van jacquardpatroon B. Ga door volgens de instructies en begin op 20,5 cm van het midden van de hiel met minderen voor de bandteen.

MAAT 44/45
72 steken opzetten (= 18 per naald).
Voet: brei 2 x ronde 1-24 en dan nog 1 x ronde 1-12 van jacquardpatroon B. Ga door volgens de instructies en begin op 22 cm van het midden van de hiel met minderen voor de bandteen.

Creatief sokken-

ontwerp

ONTWERP JE SOKKEN

Je hebt je lievelingssokken gevonden, maar wilt liever een andere kleur? Geen probleem. Sokkenwol is verkrijgbaar in talloze kleuren. Op de bladzijden 154-161 vind je inspirerende variaties.
Gebruik als basiskleur een rustige, neutrale tint zoals wit, ecru, grijs of beige. Dan ziet een patroon er niet zo wild uit. Je kunt het patroon ton sur ton toepassen, bijvoorbeeld met verschillende blauwtinten, of heel bont. Als je bij een tweekleurig patroon de kleuren verwisselt, krijgt je ook een heel ander effect. Om een nieuwe uitstraling te bereiken kun je meerkleurige sokken ook in slechts twee of drie kleuren breien.
Alle patronen in dit boek bestaan uit een herhaling van 4 steken (rapport), dus je kunt ook verschillende patronen combineren. Je kunt de boord langer of het beenstuk korter maken en zo een heel eigen ontwerp creëren.

Ik ontwerp mijn patronen op papier met potlood of kleurstiften, of achter de computer. Met Excel kun je gemakkelijk patronen ontwerpen, deze snel wijzigen en diverse kleurvariaties bekijken. Zet daarvoor de kolombreedte op 0,9 punt en de rijhoogte op 7,25 punt, dan krijg je mooie, vierkante cellen die je in kunt kleuren.

Vaak brei ik ook maar wat, dat is best spannend en vaak ontstaan zo de mooiste patronen. Daar gebruik ik dan graag allerlei restjes wol voor.

Ik haal veel ideeën van Instagram en Pinterest. Daarbij kijk ik niet alleen naar breipatronen maar laat ik me voor sokpatronen ook inspireren door kleurrijke woonideeën of mooi servies. In handwerktijdschriften staan niet zo vaak sokpatronen, maar patronen van truien en mutsen kun je omzetten en ze voor sokken gebruiken als het patroonrapport daarvoor geschikt is. Ook textielontwerpers maken vaak patronen met sterke kleurcombinaties waardoor ik mij laat inspireren voor mijn bonte sokken.

De Oostzee ligt voor mijn huisdeur, dus ik brei veel maritieme sokken. Die passen geweldig bij jeans en streepjesshirts en zijn ook geschikt voor de zomer. Als het een keer netjes moet zijn, draag ik sokken in grijs- of beigetinten. En een heel enkel keertje zijn de sokken zwart met een eenvoudig recht-averecht-patroon.

SOXX NR. 9 van bladzijde 56 gebreid met Lang Yarns Jawoll (LL ca. 210 m/ 50 g) in fuchsia (Kl 184), oranje (Kl 159), kanarie (Kl 43) en wit (Kl 01).

SOXX NR. 5 van bladzijde 30 gebreid met Schachenmayr Regia 4-draads (LL ca. 210 m/50 g) in helderwit (Kl 2080), geel (Kl 2041) en middengrijs gemêleerd (Kl 44).

SOXX NR. 23 van bladzijde 134 gebreid met Lang Yarns Jawoll (LL ca. 210 m/50 g) in antraciet (Kl 70) en mosterd (Kl 150).

SOXX NR. 6 van bladzijde 36 gebreid met Lang Yarns Jawoll (LL ca. 210 m/50 g) in lichtgrijs (Kl 23), marine (Kl 25) en donkerrood (Kl 61).

SOXX NR. 8

van bladzijde 50 gebreid met Lang Yarns Jawoll (LL ca. 210 m/50 g) in wit (Kl 01), rood (Kl 60) en marine (Kl 25).

SOXX NR. 1 van bladzijde 8 gebreid met Schachenmayr Regia 4-draads (LL ca. 210 m/50 g) in helderwit (Kl 2080), flanel gemêleerd (Kl 33), camel gemêleerd (Kl 17) en antraciet gemêleerd (Kl 522).

SOXX NR. 7 van bladzijde 44 gebreid met Lang Yarns Jawoll (LL ca. 210 m/50 g) in zeer donkerpaars (Kl 290).

SOXX NR. 21 van bladzijde 124 gebreid met Lang Yarns Jawoll (LL ca. 210 m/50 g) in fuchsia (Kl 184) en lichtgrijs (Kl 23).

Basisinstructies

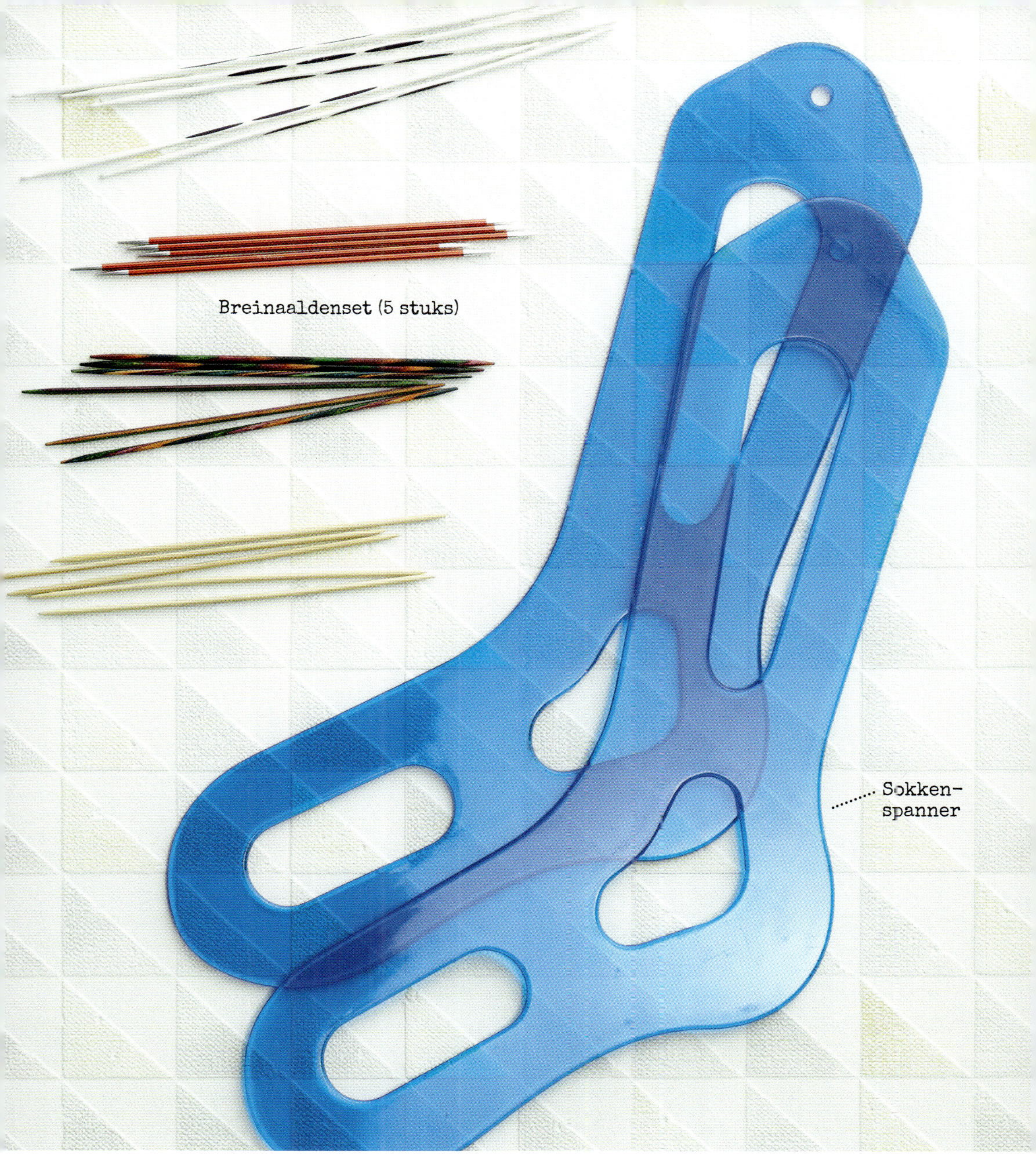
Breinaaldenset (5 stuks)
Sokken-
spanner

MATERIAAL

HET JUISTE GAREN

▶ **Video 1**

Brei sokken altijd met speciaal sokkengaren. Dat bestaat meestal uit scheerwol met 25-30% polyamide, wat de sokken duurzaam en machinewasbaar maakt, zonder dat ze vervilten. Sokken in jacquardpatroon kun je het beste breien van 4-draads garen met een looplengte van ongeveer 210 m per 50 g. Bij dikker garen kan het patroon bij de voet te dik worden. Bij recht en averecht gebreide patronen, eenkleurige patronen of strepen is 6-draads garen ook goed te gebruiken. Je kunt garens van verschillende fabrikanten met dezelfde kwaliteit door elkaar gebruiken en zo restjes wol opmaken.

Gebruik je dunner garen, versterk dan de hiel en teen met meeloopgaren in dezelfde kleur.

Er is ook sokkengaren van puur natuurlijk materiaal, zonder synthetische bestanddelen. De voor Soxx nr. 4, 7 en 24&25 gebruikte ALB Lino sokkenwol is een mengsel van 85% scheerwol en 15% linnen.

Gebruik wel wol van goede kwaliteit, dan heb je lang plezier van je sokken.

BREINAALDEN

▶ **Video 1**

Er zijn verschillende technieken om sokken te breien. Traditioneel brei je sokken met een set van vijf breinaalden die in verschillende materialen, vormen en lengtes verkrijgbaar zijn. Of je met hout, metaal, kunststof of bamboe breit, hangt van je voorkeur af. Daarbij is het belangrijk hoe strak of los je breit.

Bij bamboe glijdt het werk niet zo snel van de naalden af omdat het oppervlak ervan wat ruwer is. Daarom is bamboe minder geschikt als je strak breit.

Ze zijn wel lekker licht en geven iets mee bij het breien.

Metalen breinaalden hebben een gladder oppervlak en zijn wat zwaarder dan andere materialen. Een groot voordeel is dat deze naalden onbreekbaar zijn, maar ze glijden wel gemakkelijk uit het werk, vooral als je los breit.

Houten breinaalden zijn mooi glad en licht.
Bij setjes heel dunne naalden zit vaak een zesde naald. Dat is een reservenaald voor het geval er een breekt.
Kunststof naalden zijn licht en flexibel. De punt van die naalden is wat ronder en daarom minder geschikt voor het breien met meerdere draden.
Er zijn tegenwoordig ook verschillende vormen. Je kunt kiezen voor conventionele ronde naalden, voor driehoekige en vierkante breinaalden.
Ook de lengte is verschillend. Voor het breien van sokken zijn breinaalden van 15 cm lang het geschiktst.

Noot:
Naalden van 15 cm zijn fijn als je met de draad in je linkerhand (continentaal) kunt breien. Veel Nederlandse brei(st)ers breien met de draad in de rechterhand (Europees). Voor hen zijn naalden van 20 cm gemakkelijker in het gebruik.

TOEBEHOREN

Video 1

Behalve breinaalden en garen heb je een meetlint nodig om de juiste voetlengte te meten, een schaar en een borduurnaald met stompe punt om de laatste steken bij de teen dicht te naaien en de draden af te werken.
Breibakens/steekmarkeerders en een rijenteller kunnen het werk gemakkelijker maken maar zijn niet noodzakelijk. Een stukje garen in een afwijkende kleur of pen en papier doen het ook.
Om te voorkomen dat het breiwerk bij vervoer van de naalden glijdt, bestaan er naaldenhouders, -kokers en -stoppers. Je kunt het breiwerk natuurlijk ook met een elastiekje fixeren.
Heb je al een aardige verzameling breinaalden, dan is een naaldenmeter handig om de juiste maat te kiezen.

HANDLEIDING BREIEN

KRUISOPZET

Video 2

Voor sokken adviseer ik de klassieke kruisopzet, omdat die elastisch maar niet te los is.

1 Wikkel een stuk garen van 60 à 70 cm af en maak een opzetlus. Steek de naald door de lus en trek hem aan.

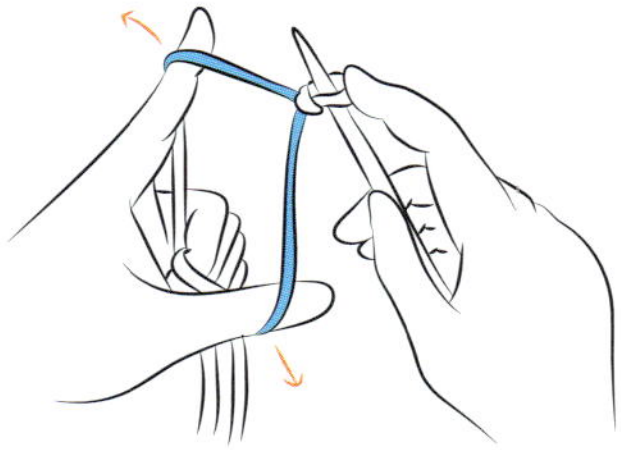

2 Leg het losse einde van de draad over je duim en de andere kant, die uit de bol komt, over je gestrekte wijsvinger. De breinaald met de lus ligt tussen beide vingers. Houd de uiteinden van de draden met je andere vingers vast zodat die strak staan.

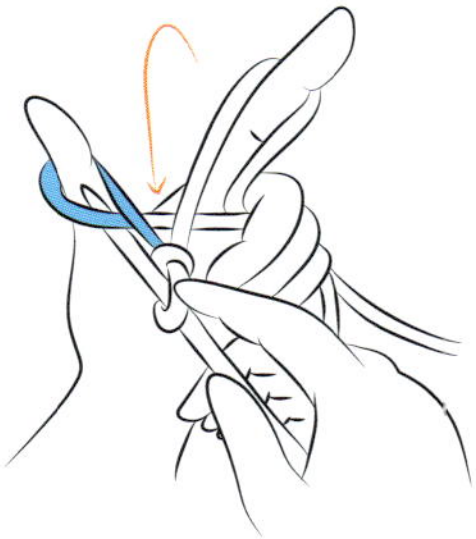

3 Steek nu de naald van voren onder de voorste draad door en trek met de punt van de naald de achterste draad eronderdoor. Laat de steek van je duim glijden. Pak de draad weer op met je duim en trek hem naar voren. Daardoor wordt de steek strakgetrokken en de draad ligt weer over de duim.

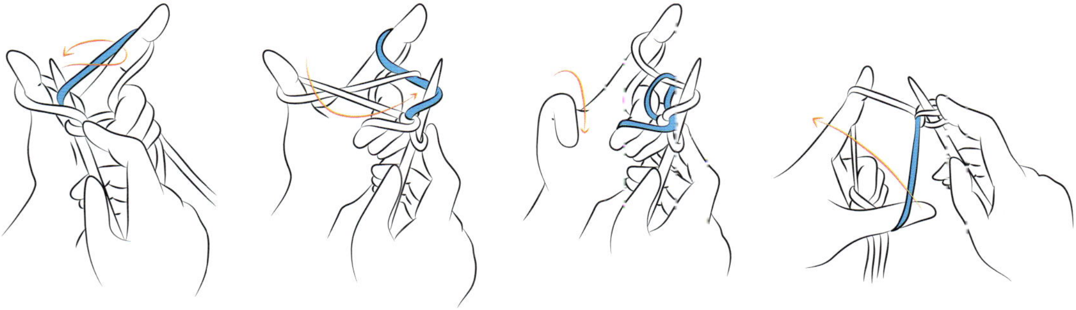

4 Herhaal dit tot er genoeg steken op de verschillende naalden staan. Zorg dat de draadspanning bij de overgang naar een volgende naald niet verandert. Let er bij het sluiten van de ronde op dat de naalden niet verdraaid zijn.

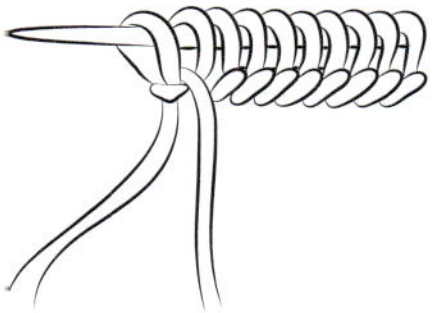

In Nederland wordt vaak gebreid volgens de Europese, of Engelse, methode. Maar steeds meer mensen kiezen voor de continentale, of Duitse, methode die hier wordt uitgelegd. De draad wordt om de linkervinger geslagen en de rechtervinger hoeft niets te doen. Beide naalden kunnen gewoon worden vastgehouden.

RECHTE STEKEN

Neem de naald met de opgezette steken in je linkerhand en de werknaald in je rechter. De draad ligt aan de achterkant. Leg de draad over de gestrekte wijsvinger van je linkerhand. Je kunt de draad spannen door hem om je wijsvinger of pink te wikkelen.

1 Steek met de werknaald van voor naar achter in de lus van de eerste steek en trek met de naald de draad van achteren naar voren door de lus.

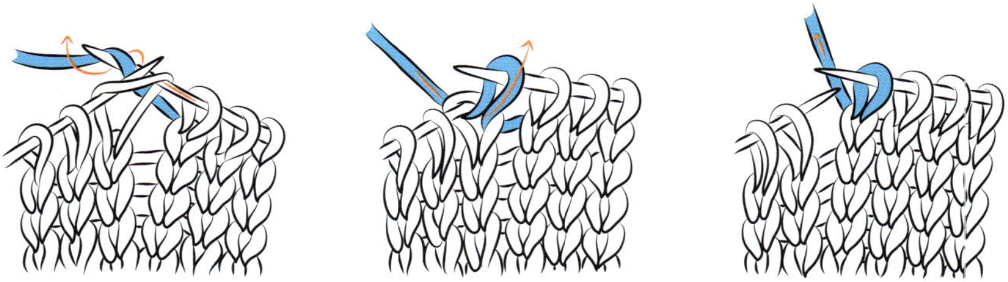

2 De nu ontstane steek komt op de rechter breinaald terecht. Laat de oude steek van de linkernaald glijden.

3 Brei de volgende steken net zo.

AANWIJZING: ben je links, houd dan de naald met de opgezette steken in je rechterhand en houd de werknaald in je linkerhand.

AVERECHTE STEKEN

Net als bij rechte steken houd je de naald met de steken in je linker- en de werknaald in je rechterhand. De draad ligt bij averechte steken voor het werk.

1 Steek de werknaald van rechts naar links in de lus van de eerste steek, zodat de punt van de rechternaald voor de linkernaald komt te liggen, en trek de draad van voor naar achter door de steek.

2 De nieuwe steek komt op de rechternaald terecht. Laat de oude steek van de linkernaald glijden.

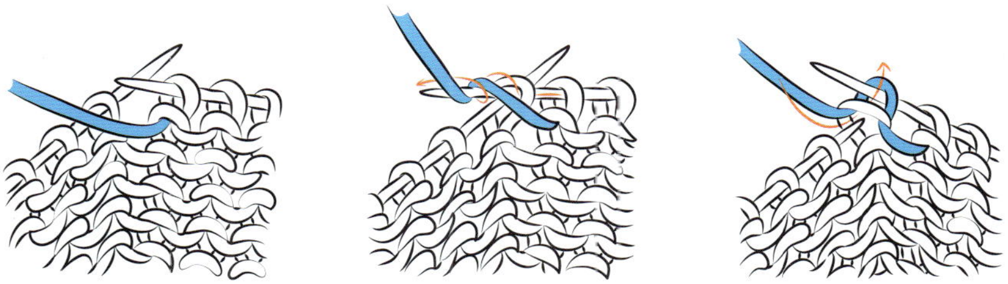

3 Brei de volgende steken net zo.

AANWIJZING: ben je links, houd dan de naald met de opgezette steken in je rechterhand en houd de werknaald in je linkerhand.

OVERIGENS: in Oost-Europese en islamitische landen wordt de draad andersom door de steek getrokken. Daarom ligt de steek bij recht breien omgekeerd op de naald. Dat speelt vooral een rol bij het minderen. Hierdoor zijn gaatjes bij de boemeranghiel onvermijdelijk.

VERDRAAIDE STEKEN

RECHT VERDRAAIDE STEKEN

Steek hierbij de naald in de achterkant van de lus en brei de steek verder normaal R. Hierdoor draait de steek.

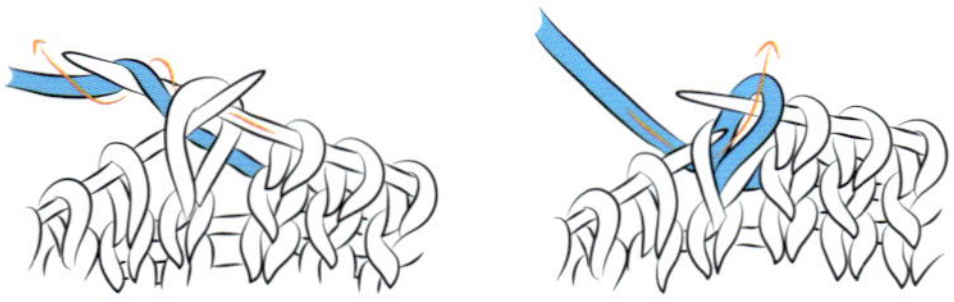

AVERECHT VERDRAAIDE STEKEN

Steek de naald in de achterkant van de lus van links naar rechts en brei de steek verder normaal AV. Hierdoor draait de steek.

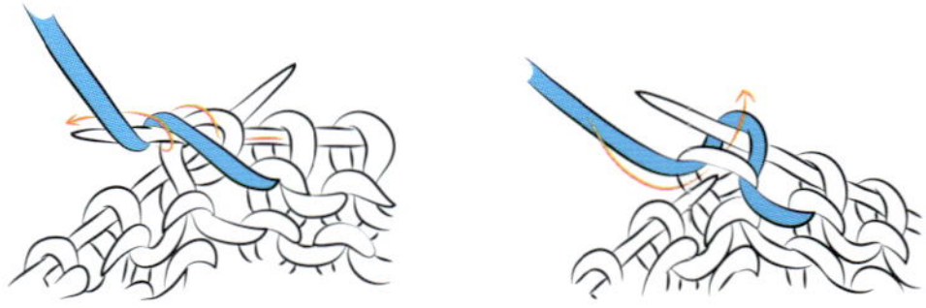

DUBBELE STEKEN

Leg de draad na het keren aan de voorkant van het werk. Haal de eerste steek af en trek de draad strak over de naald naar achteren. Zo trek je de lus over de naald en komt hij dubbel te liggen.

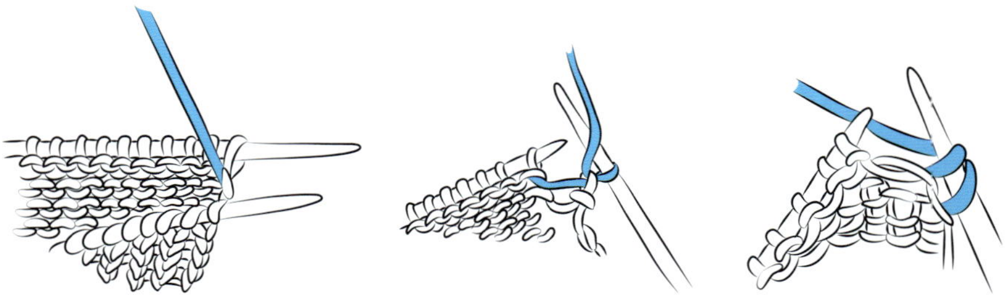

OMSLAG

Bij een omslag leg je de draad van voren naar achteren over de rechternaald, voor je de volgende steek breit. Trek de draad daarbij niet te strak naar achteren.

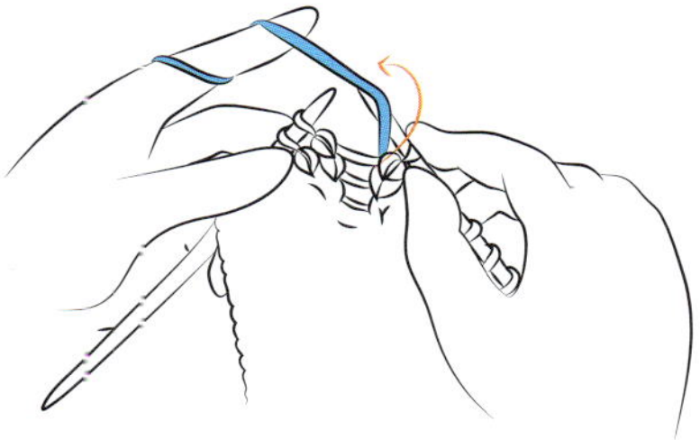

MINDEREN

2 STEKEN RECHT SAMENBREIEN

Deze mindering wijst naar rechts.

Steek met de rechternaald in de gebruikelijke richting in twee steken tegelijk. Trek de draad met de naald door beide steken tegelijk.

2 STEKEN OVERGEHAALD SAMENBREIEN

Deze mindering wijst naar links.

Steek de rechternaald in de volgende steek alsof je recht breit en haal hem van de linkernaald af (dus niet breien). Brei de volgende steek recht en haal de afgehaalde steek eroverheen.

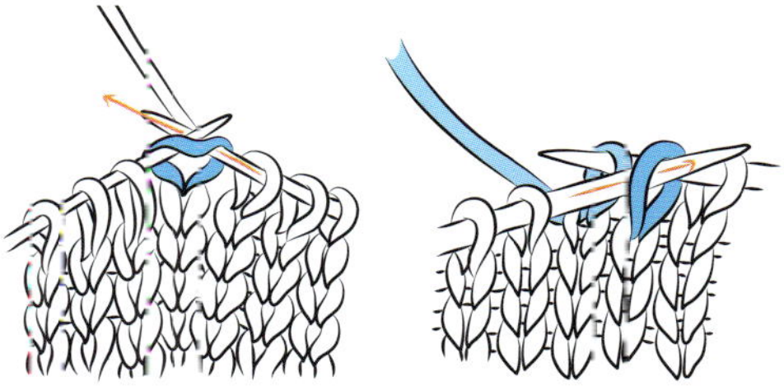

Je kunt ook in linker richting minderen door twee recht afgehaalde steken samen te breien. Haal daarvoor tweemaal een steek van links naar rechts af, dus zonder ze te breien. Steek dan de linkernaald van links naar rechts door beide afgehaalde steken, sla de draad om de rechternaald en brei de steken samen.

SOKKEN

HOLLANDSE HIEL MET STOMPE TEEN

BOEMERANGHIEL MET BANDTEEN

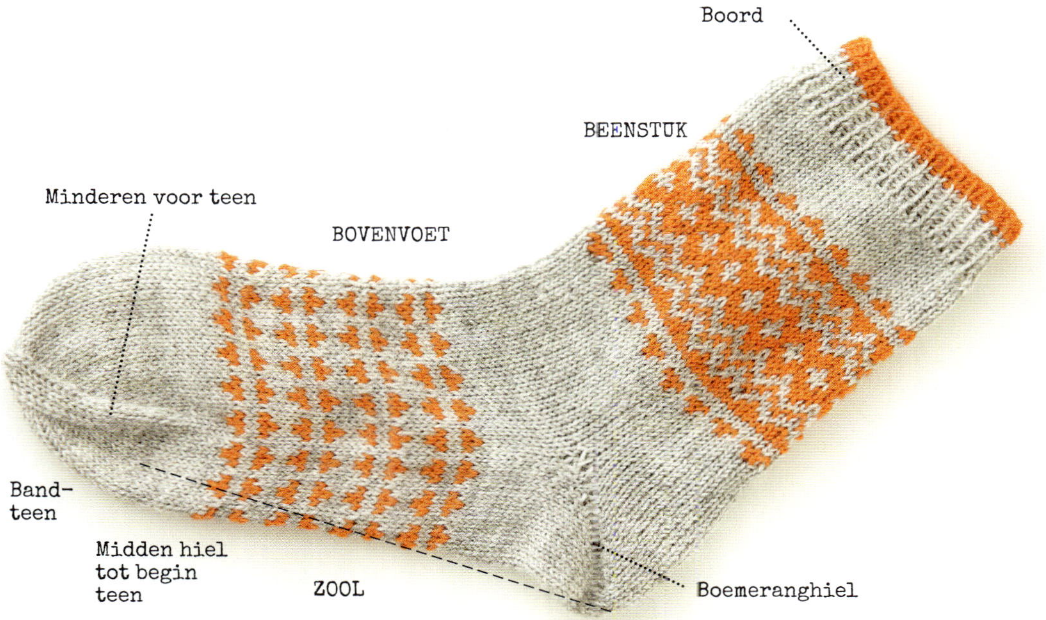

MAATTABEL

Voor 4-draads sokkenwol (LL 210m/50 g), tenzij anders aangegeven

Maat	36/37	38/39	40/41	42/43	44/45	46/47
Opzet/steken per naald						
Jacquardpatroon	64/16	64/16	68/17	68/17	72/18	76/19
Recht-averecht-patroon, bandsokken	60/15	60/15	64/16	64/16	68/17	72/18
Schoppel ALB Lino wol (LL 400 m/100 g)	56/14	56/14	60/15	60/15	64/16	68/17
Bandteen: voetlengte in cm van midden hiel tot begin teen	16	17,5	19	20,5	22	23,5
Stompe teen: voetlengte in cm van midden hiel tot begin teen	18,5	20	21,5	23	24,5	26
Totale lengte in cm	21,5	23	24,5	26	27,5	29

DE JUISTE MAAT

Met hoeveel steken je moet breien om een perfect passende sok te maken, hangt af van verschillende factoren, bijvoorbeeld van de garendikte, de schoenmaat en de stekenproef, maar ook van de omvang van de voet.
Elke voet is anders. Bij slanke, grote voeten kan het zijn dat je minder steken nodig hebt dan voor die maat is aangegeven. Bij kleine maar brede voeten heb je misschien juist meer steken nodig dan in de maatvoering staat. Bij de sokken in dit boek is dat geen probleem omdat alle patronen gebaseerd zijn op een herhaling van steeds 4 steken (rapport) en het aantal steken daarom gemakkelijk is aan te passen.
Je kunt de patronen ook aanpassen voor de lengte van de voet, door het aantal patroonherhalingen aan te passen. Ben je niet zeker of de maat klopt, pas de sok dan halverwege even.
Het beenstuk is individueel aan te passen door het patroon vaker of juist minder vaak te herhalen.

STEKENPROEF

Voor stekenproeven wordt normaal gesproken een stuk van 12 x 12 cm in tricotsteek gebreid. Bij jacquard-patronen moet dan de teruggaande toer averecht gebreid worden. Dat is echter lastig en het breiwerk kan daardoor anders uitpakken dan wanneer het in rondes is gebreid. Daarom raad ik aan een stekenproef in rondes te breien.

Bij deze techniek meet en tel je het aantal steken en naalden niet per 10, maar per 5 cm. Daarna verdubbel je dit aantal. Als je meer steken telt dan in de stekenproef staat aangegeven, is het breisel te strak. Je moet dan voor je breiproject een dikkere naald gaan gebruiken.

Als je minder steken telt en je breisel is erg los, gebruik dan dunnere naalden. Er zijn sokkennaalden verkrijgbaar in maten oplopend tot 0, 25 mm.

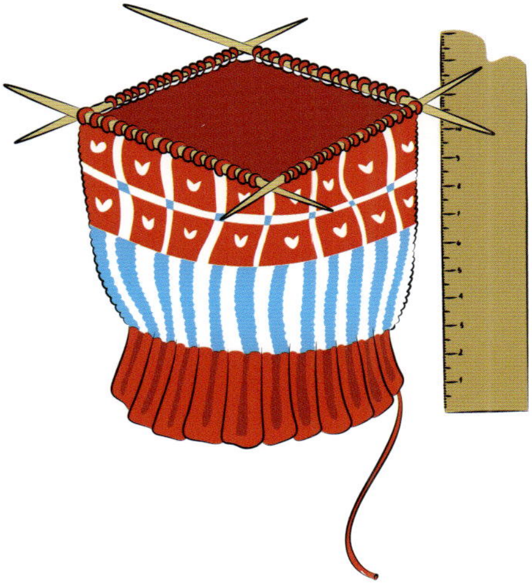

Een stekenproef in jacquardpatroon pakt meestal smaller uit dan wanneer je met maar één draad breit.

Bij patronen met een deel in jacquard-patroon en een deel in unikleur (zoals soxx nr. 12), kun je de verschillen opvangen door naalden van verschillende diktes te gebruiken. Het jacquard-patroon brei je dan met de dikkere naalden, het unideel met de dunnere.

Breiwerk in jacquardpatroon is minder elastisch en daarom moet je meer steken opzetten dan voor sokken die met maar één draad worden gebreid.

BOORD EN BEENSTUK

BOORD

Video 3

De boord zorgt er niet alleen voor dat je sokken niet afzakken, hij is ook gewoon mooi.

Er zijn verschillende manieren om een boord te breien. Het vaakst gebruikte patroon is 1 R/1 AV of 2 R/2 AV. Bij het 1/1-patroon moet het aantal steken deelbaar zijn door 2. Na de opzet brei je direct afwisselend 1 steek R, 1 steek AV, tot de gewenste boordhoogte.

Bij het 2/2-patroon moet het aantal steken deelbaar zijn door 4. Na de opzet brei je direct afwisselend 2 steken R, 2 steken AV, tot de gewenste boordhoogte.

Een boord met verdraaid rechte steken is heel mooi en bijzonder elastisch. Dit patroon trekt beter samen waardoor de ribbels duidelijk zichtbaar zijn. Na de opzet brei je direct afwisselend 1 steek verdraaid R, 1 steek AV, tot de gewenste boordhoogte.

Je kunt alle sokken maken met een boordpatroon naar keuze en ook de lengte van de boord kun je zelf kiezen.

BEENSTUK

Na de boord komt het beenstuk, dat bij sokken met een jacquardpatroon altijd in tricotsteek in rondes wordt gebreid. Brei het beenstuk als een rechte koker, dus zonder te meerderen of te minderen. Bij de meeste sokken kun je de lengte van het beenstuk variëren. Zomersokken zijn vaak wat korter dan de klassieke wintersokken.

JACQUARDTECHNIEK

▶ Video 4

Het breien van jacquardpatronen vraagt om wat oefening en geduld, maar het is de moeite waard. Met deze techniek brei je prachtige, unieke bonte sokken.

DRAADSPANNING

Bij jacquardpatronen brei je met minstens twee draden per ronde. Als je met de ene draad breit, loopt de andere aan de achterkant van het breiwerk mee. Daarbij is een gelijkmatige draadspanning belangrijk.

Is de meelopende draad te strak, dan trekt het patroon samen. In dit geval kan het helpen om de steken een beetje uit elkaar te trekken voor je van kleur wisselt, of om met dikkere naalden te breien.

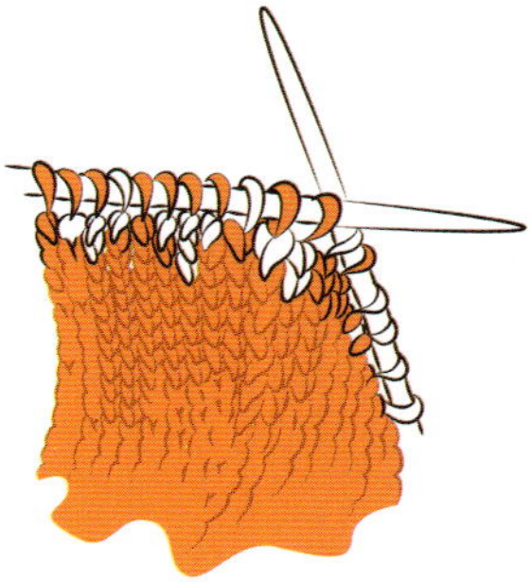

Is de meelopende draad te los, dan wordt het breiwerk niet mooi gelijkmatig en krijg je openingen tussen de steken. Gebruik in dat geval dunnere breinaalden.

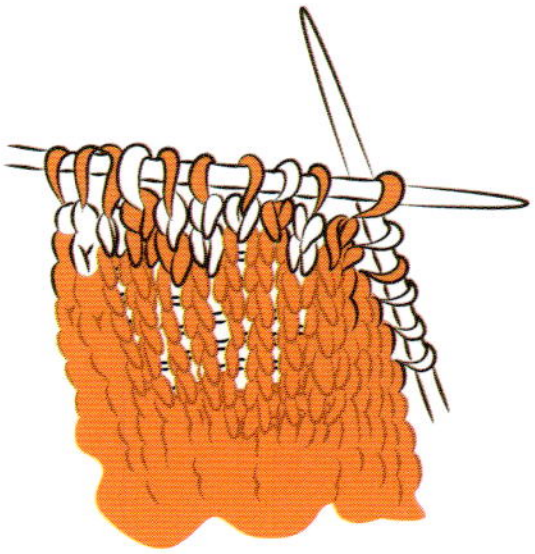

Ook bij de overgang van de ene naar de volgende naald moet je goed op de draadspanning letten. Je moet de overgang niet kunnen zien in de sok. Trek de draad op deze plaatsen iets strakker.

Bij de patronen in dit boek loopt de tweede draad nooit meer dan 3 steken achterlangs mee. Daarom is het niet nodig om de draad te verweven. Sterker nog, hoe vaker je de tweede draad verweeft, hoe minder elastisch het breiwerk zal zijn. Maar als een kleur een paar rondes buitenspel staat, moet je na de derde of vierde ronde de meelopende draad met de werkdraad verweven door de draden onderling te verdraaien. Zo krijg je aan de achterkant van het breiwerk geen lussen waar je in blijft hangen als je de sokken aan- of uittrekt. Let er ook hier op dat je de draad niet te strak trekt.

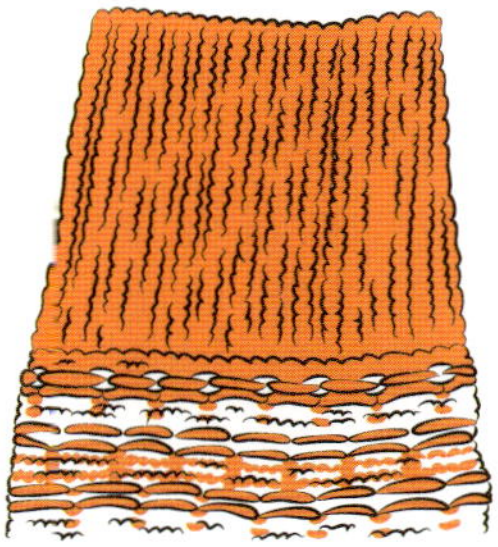

DRAADPOSITIE

Er zijn verschillende manieren om de draad vast te houden. Bij mij liggen beide draden altijd over mijn linker wijsvinger. Om de draden op spanning te houden, loopt de voorste draad voor mijn middelvinger en de achterste draad achter mijn middelvinger langs. Ik houd beide draden met mijn ringvinger en pink vast.
Ben je links, dan liggen de draden over de rechter wijsvinger.
Het is belangrijk dat steeds dezelfde kleur vooraan ligt, omdat een positiewisseling duidelijk zichtbaar is en het patroon onrustig maakt.

De witte draad ligt voor de rode.

De rode draad ligt voor de witte.

HOE LEES JE EEN TEL- OF BREIPATROON?

Tel- en breipatronen lees je van onder naar boven en van rechts naar links.
Je moet het telpatroon steeds herhalen.
Een vakje is een steek, een rij is een ronde.
Als voorbeeld zie je hier het zigzag-patroon van soxx nr. 1

Jacquardpatroon

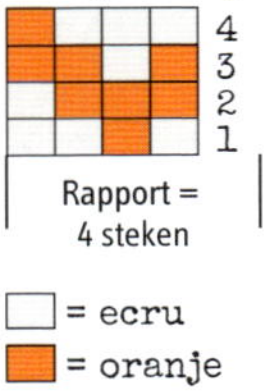

Het patroon begint met 1 steek in ecru en aansluitend 1 steek in oranje. Je moet het patroon steeds herhalen, dus na de 4e steek (ecru) begin je opnieuw. Je breit dus steeds 3 steken ecru en 1 steek oranje. Let er altijd goed op dat als er staat dat het rapport 4 steken is, het totaal aantal steken deelbaar moet zijn door 4.
Als in de instructies staat dat je het patroon 9 x moet herhalen, begin je na de 4e ronde weer met de 1e, tot je het gewenste aantal zigzagpatronen hebt.
Bij sokken met een structuurpatroon gebruik je het patroon op dezelfde manier.
Een ronde begint altijd met de 1e steek van de 1e naald en eindigt met de laatste steek van de 4e naald. De overgang van de ene naar de volgende ronde ligt altijd in het midden aan de achterkant van de sok of in het midden van de zool.

HIEL

BOEMERANGHIEL OF HOLLANDSE HIEL?

Bij veel modellen kun je zelf kiezen welke hiel je breit. Alle modellen zijn te breien met een boemeranghiel. Bij sokken die met een jacquardpatroon beginnen kun je echter niet zonder meer een Hollandse hiel breien. Bij de jacquardpatronen wordt geen rekening gehouden met het minderen voor de spie. Het kan alleen bij soxx nr. 15, omdat de zool daar een eigen patroon heeft.

BOEMERANGHIEL

Video 5

De boemeranghiel wordt in verkorte toeren met dubbele steken gebreid (zie blz. 170).

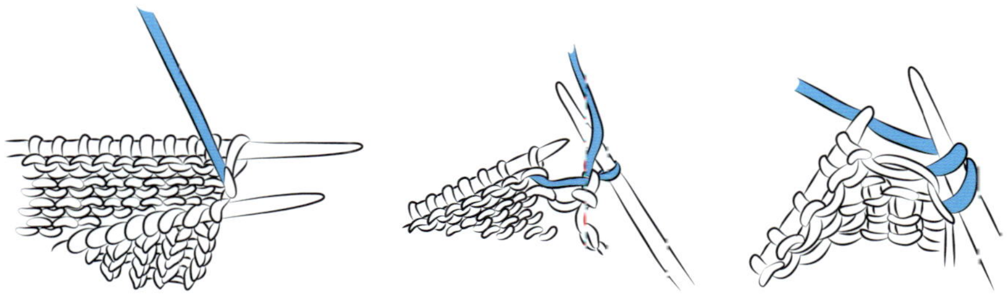

Brei de boemeranghiel in tricotsteek over de steken van de 4e en 1e naald. Zet daarvoor die steken op één naald en verdeel die naald met een breibaken/steekmarkeerder of met draadjes in drie delen (zie tabel blz. 183).

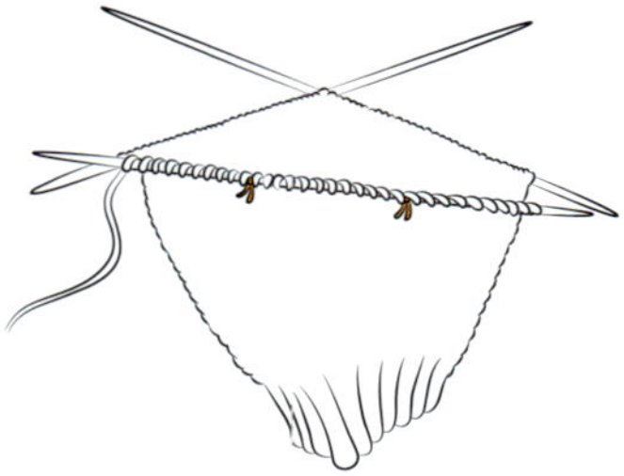

Bij het eerste (bovenste) deel van de hiel worden de dubbele steken niet meegebreid.

1e toer (GK): alle steken R breien, keren.

2e toer (VK): 1 dubbele steek, de rest AV breien, keren.

3e toer (GK): 1 dubbele steek, brei alle steken tot aan de dubbele steek R, keren.

4e toer (VK): 1 dubbele steek, brei alle steken tot aan de dubbele steek AV, keren.

Herhaal de 3e en 4e toer tot je 1/3 dubbele steken, 1/3 enkele steken, 1/3 dubbele steken hebt.

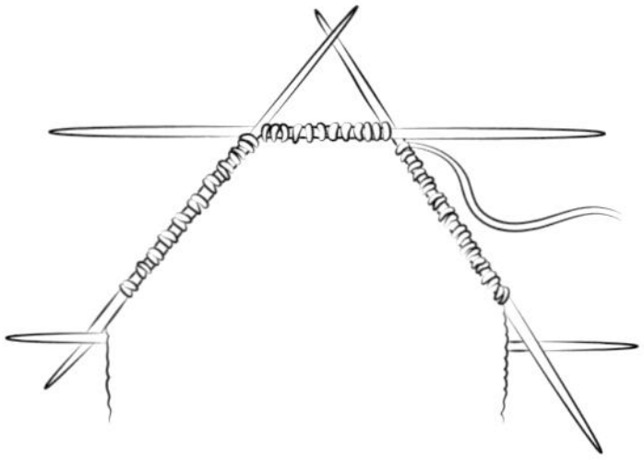

Brei daarna 2 rondes R over alle steken van de 4 naalden. De dubbele steken in de 1e ronde brei je daarbij als één steek R. Brei hierna het tweede (onderste) deel van de hiel over de steken van de 4e en 1e naald.

1e toer (GK): brei de steken van het middelste derde deel en de 1e steek van het linker derde deel R, keren.

2e toer (VK): 1 dubbele steek, brei de steken van het middelste derde deel en de 1e steek van het rechter derde deel AV, keren.

3e toer (GK): 1 dubbele steek, brei verder alle steken inclusief de dubbele steek en nog een steek R, keren.

4e toer (VK): 1 dubbele steek, brei verder alle steken inclusief de dubbele steek en nog een steek AV, keren.

Herhaal de 3e en 4e toer tot beide buitenste steken als dubbele steken op de naald staan. Verdeel dan de steken van de hiel gelijkmatig over twee naalden en brei de dubbele steken in de volgende ronde als één steek R.

TIP: tussen de 1e en 2e respectievelijk de 3e en 4e naald krijg je bij deze hiel vaak kleine gaatjes. Dat komt omdat de draadspanning tussen de steken van de hiel en de eerste of laatste steken van de voet niet zo vast is. Er is een trucje om dat te voorkomen. Na het eerste deel van de hiel, als je 2 rondes tricotsteek gaat breien over alle vier naalden, ga je als volgt verder: nadat je de steken van de 1e naald R hebt gebreid, plaats je een breibaken en brei je de eerste 2 steken van de 2e naald met dezelfde naald.

Brei dan de steken van de 2e naald zoals gebruikelijk. Brei daarna de steken van de 3e naald tot op de laatste 2 steken. Schuif die steken op de 4e naald. Brei de 4e naald en zet na de twee extra steken weer een breibaken. Brei het tweede deel van de hiel volgens de instructies, maar brei de extra steken voor en na de bakens niet als dubbele steken. Laat als de hiel klaar is de extra steken nog een paar rondes op de 1e cq. 4e naald staan en schuif ze daarna terug op de oorspronkelijke naalden.

JACQUARDPATROON (4-draads sokkenwol, looplengte 210 m/50 g)

maat	36/37	38/39	40/41	42/43	44/45	46/47
totaal aantal steken/ per naald	64/16	64/16	68/17	68/17	72/18	76/19
hielbreedte, steken 4e en 1e naald	32	32	34	34	36	38
indeling hielsteken	10/12/10	10/12/10	11/12/11	11/12/11	12/12/12	12/14/12

RECHT-AVERECHT-PATROON, RINGEN (4-draads sokkenwol, looplengte 210 m/50 g)

maat	36/37	38/39	40/41	42/43	44/45	46/47
totaal aantal steken/per naald	60/15	60/15	64/16	64/16	68/17	72/18
hielbreedte, steken 4e en 1e naald	30	30	32	32	34	36
indeling hielsteken	10/10/10	10/10/10	10/12/10	10/12/10	11/12/11	12/12/12

SCHOPPEL ALB LINO (looplengte 400 m/100 g)

maat	36/37	38/39	40/41	42/43	44/45	46/47
totaal aantal steken/ per naald	56/14	56/14	60/15	60/15	64/16	68/17
hielbreedte, steken 4e en 1e naald	28	28	30	30	32	34
indeling hielsteken	9/10/9	9/10/9	10/10/10	10/10/10	10/12/10	11/12/11

HOLLANDSE HIEL

Video 6

Je breit de Hollandse hiel in tricotsteek over de steken van de 4e en 1e naald. Zet daarvoor die steken op één naald. Brei de eerste en laatste 3 steken altijd R. De eerste toer begint bij de overgang van de 4e naar de 1e naald.

GROTE HIEL

1e toer (GK): alle steken R breien, keren.
2e toer (VK): 3 R, rest tot 3 steken voor het eind AV, laatste 3 R, keren.
Herhaal de 1e en 2e toer tot je de gewenste hielhoogte hebt bereikt (zie tabel blz. 186) en begin dan met minderen. Verdeel het aantal steken in je hoofd of met behulp van breibakens in 3 delen (zie tabel blz. 186).
De **kleine hiel** brei je in tricotsteek over de steken van het middelste deel.
1e toer (GK): brei de steken van het middelste deel R en brei de laatste steek met de 1e steek van de zijkant R samen, keren.
2e toer (VK): haal de 1e steek AV af, brei de steken van het middelste deel AV en brei de laatste steek met de 1e steek van de zijkant AV samen, keren.
3e toer (GK): haal de 1e steek R af, brei de steken van het middelste deel R en brei de laatste steek met de 1e steek van de zijkant R samen, keren.
Herhaal de 2e en 3e toer tot alleen nog de steken van het middelste deel op de naald staan. Brei dan de eerste helft van het middelste deel R.

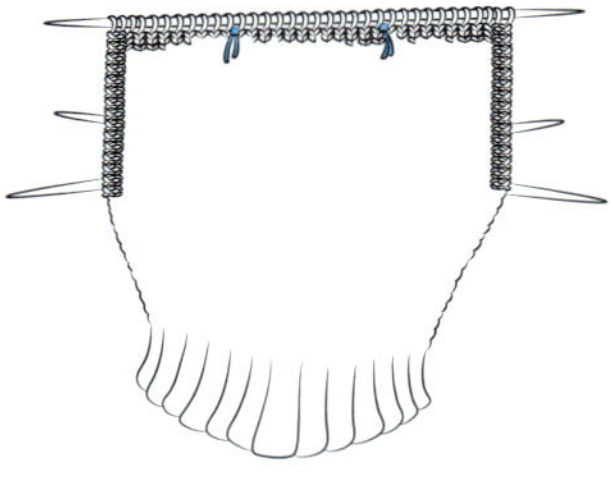

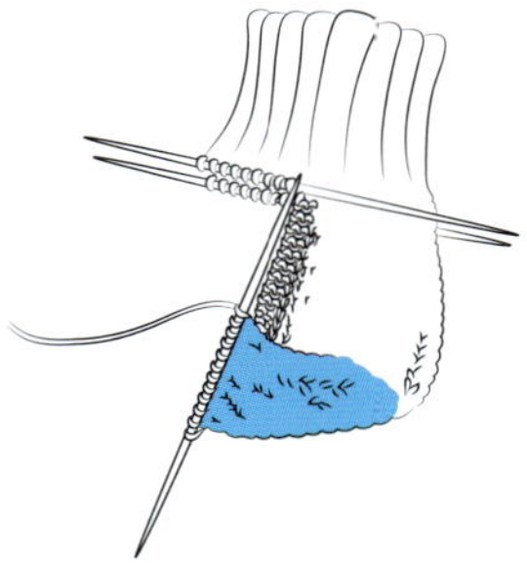

STEKEN OPNEMEN

Brei nu in tricotsteek in rondes verder. Voor de 1e ronde eerst de tweede helft van het middelste deel recht breien. Neem dan van elke zijkant steeds een steek op. Steek de naald daarvoor van voor naar achter in de randsteek en haal de draad door alsof je R breit. Neem op die manier alle steken van de eerste zijkant op de naald op. Brei dan de 2e en 3e naald volgens het patroon. Neem daarna met een nieuwe naald op dezelfde manier steken op bij de tweede zijkant. Brei nu de eerste helft van het middelste deel R, dan is de eerste ronde klaar.

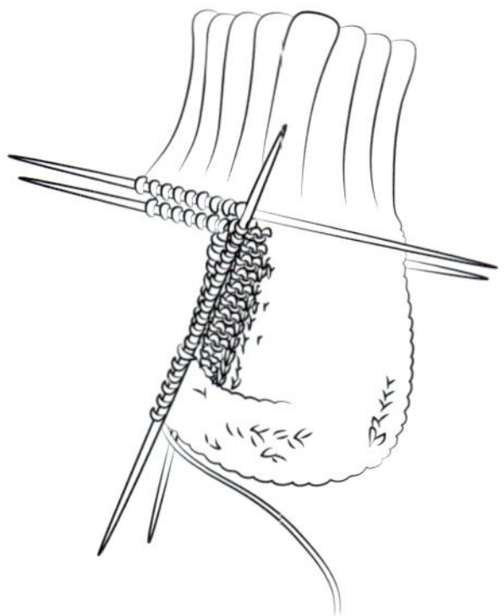

MINDEREN VOOR DE SPIE

Na de hiel staan er meer steken op de naalden als ervoor en die overtollige steken moet je weer geleidelijk wegwerken. Daarvoor minder je elke 2e ronde op de 1e en 4e naald. Dit herhaal je tot je weer het oorspronkelijke aantal steken op je naalden hebt.

Brei de steken van de 1e naald R en brei daarbij de twee voorlaatste steken R samen. Brei de laatste steek R.

Op de 4e naald brei je 1 R en de 2e en 3e steek R overgehaald samen (zie blz. 171). Haal daarvoor 1 steek R af, brei de volgende R en haal de afgehaalde steek eroverheen.

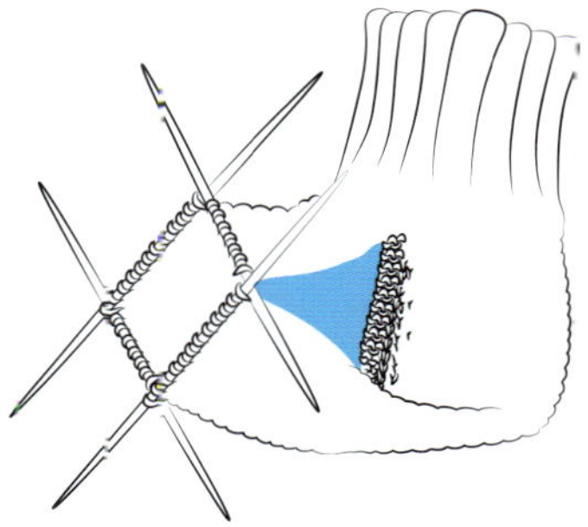

JACQUARDPATROON (4-draads sokkenwol, looplengte 210 m/50 g)

maat	36/37	38/39	40/41	42/43	44/45	46/47
totaal aantal steken/per naald	64/16	64/16	68/17	68/17	72/18	76/19
hielbreedte, steken 4e en 1e naald	32	32	34	34	36	38
indeling hielsteken	10/12/10	10/12/10	11/12/11	11/12/11	12/12/12	12/14/12
toeren grote hiel	30	30	32	32	34	36
steken opnemen zijkanten	15	15	16	16	17	18

RECHT-AVERECHT-PATROON, RINGEN (4-draads sokkenwol, looplengte 210 m/50 g)

maat	36/37	38/39	40/41	42/43	44/45	46/47
totaal aantal steken/per naald	60/15	60/15	64/16	64/16	68/17	72/18
hielbreedte, steken 4e en 1e naald	30	30	32	32	34	36
indeling hielsteken	10/10/10	10/10/10	10/12/10	10/12/10	11/12/11	12/12/12
toeren grote hiel	28	28	30	30	32	34
steken opnemen zijkanten	14	14	15	15	16	17

SCHOPPEL ALB LINO (looplengte 400 m/100 g)

maat	36/37	38/39	40/41	42/43	44/45	46/47
totaal aantal steken/per naald	56/14	56/14	60/15	60/15	64/16	68/17
hielbreedte, steken 4e en 1e naald	28	28	30	30	32	34
indeling hielsteken	9/10/9	9/10/9	10/10/10	10/10/10	10/12/10	11/12/11
toeren grote hiel	24	24	26	26	28	30
steken opnemen zijkanten	12	12	13	13	14	15

TEEN

BANDTEEN

Video 7

Minder in de 1e ronde op de 1e en 3e naald door de twee voorlaatste steken R samen te breien. Haal op de 2e en 4e naald de 2e steek af, brei de volgende steek R en haal de afgehaalde steek eroverheen (overgehaald samenbreien). Brei de volgende twee rondes in tricotsteek zonder te minderen. Herhaal het minderen in de 4e, 6e en 8e ronde. Minder daarna in elke ronde, tot er nog 2 steken op elke naald staan (= 8 steken). Knip de draad af, steek hem met een borduurnaald door de laatste 8 steken en trek die goed dicht. Haal de draden naar binnen en werk ze af.

STOMPE TEEN

Video 8

Brei in de 1e ronde op de 1e en 3e naald de twee voorlaatste steken R samen. Haal op de 2e en 4e naald de 2e steek af, brei de volgende steek R en haal de afgehaalde steek eroverheen (overgehaald samenbreien). Brei de volgende twee rondes in tricotsteek zonder te minderen. Herhaal het minderen in de 4e, 6e en 8e ronde. Minder daarna in elke ronde tot er voor maat 36-41 nog 5 en voor maat 42-45 nog 6 steken op elke naald over zijn. Sluit de opening met een maassteek (zie blz. 188) en werk de draad af.

MAASSTEEK

▶ Video 8

Zet de steken van de 1e en 4e naald op een naald en die van de 2e en 3e naald op een andere naald. Er moeten op beide naalden evenveel steken staan. Leg de naalden op elkaar met de lang afgeknipte draad naar rechts en steek de draad door een stompe naainaald. Begin van rechts met dichtmazen.

1 Steek de naald in de voorste steek alsof je averecht breit. Trek de draad door de steek maar laat de steek op de breinaald staan.

2 Haal nu de borduurnaald door de eerste steek van de achterste breinaald alsof je recht breit. Trek de draad erdoor en laat ook deze steek op de naald staan.

3 Haal nu de borduurnaald door de eerste steek van de voorste breinaald alsof je recht breit en laat de steek nu wel van de breinaald glijden. Haal dan de borduurnaald averecht door de tweede steek van de voorste naald. Trek de draad erdoor en laat de steek op de breinaald staan.

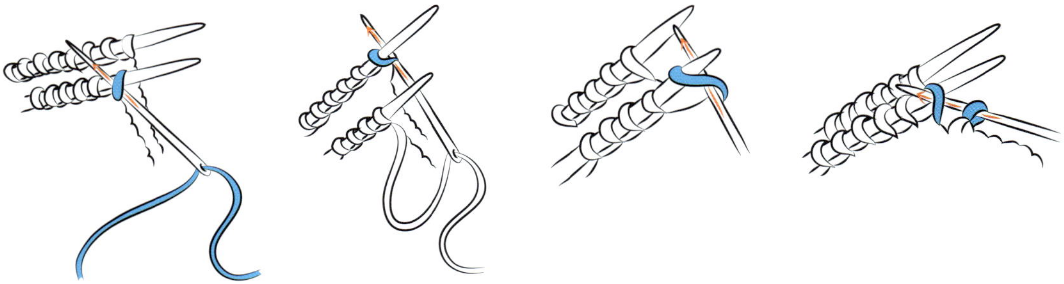

4 Haal vervolgens de borduurnaald averecht door de eerste steek van de achterste breinaald, trek de draad erdoor en laat de steek van de breinaald glijden. Haal daarna de stompe naainaald recht door de volgende steek van de achterste breinaald. Trek de draad erdoor en laat de steek op de breinaald staan.

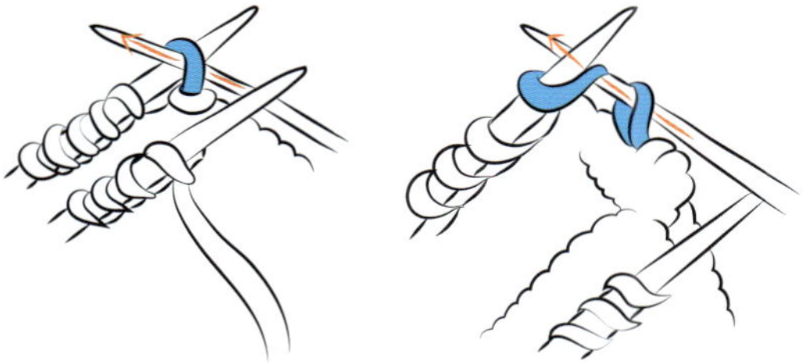

Herhaal de 3e en 4e stap tot alle steken zijn gemaasd. Trek de draad naar binnen en werk hem af.

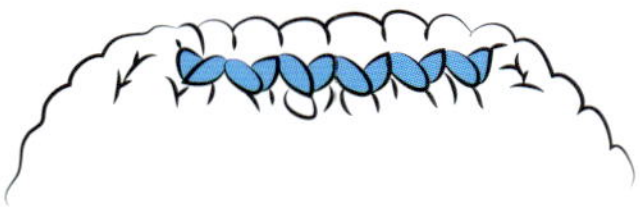

AFKORTINGEN

AV = averecht

AVver = averecht verdraaid

GK = goede kant (heengaande toer)

Kl = kleur

LL = looplengte

O = omslag

R = recht

Rd = ronde(s)

Rver = recht verdraaid

St = steek(en)

VK = verkeerde kant (teruggaande toer)

Boekentips

Sokken brei je zo!
ISBN 978 90 5877 743 0

Sokken breien
ISBN 978 94 6250 162 1

Sokken haak je zo!
ISBN 978 94 6250 078 5

Opzetten & afkanten
ISBN 978 90 5877 270 1

Sjaals en stola's breien
ISBN 978 94 6250 066 2

Mooi van draad
ISBN 978 94 6250 160 7

byClaire Fashion
ISBN 978 94 6250 185 0

Happy living
ISBN 978 94 6250 178 2

Baretten breien
978 90 5877 891 8

Mijn knuffels van Sokkenwol
ISBN 978 94 6250 150 8

Vrolijk handwerk met Bonthuishouden
978 94 6250 035 8

Dol op wol
ISBN 978 94 6250 099 0

Kerstin Balke, ook bekend onder de naam Stine & Stitch, leerde op zesjarige leeftijd van haar oma breien. Truien, jasjes, sjaals, mutsen, zelfs tafelkleden heeft zij in de jaren gebreid, maar haar passie ligt bij het breien van sokken.

Sinds een aantal jaren ontwerpt zij haar eigen patronen. De meeste zijn kleurrijk, sommige bescheiden, maar ze zijn altijd gebreid met meerdere draden.

Op haar blog www.stineundstitch.blogspot.de en op Instagram @stine_und_stitch vind je haar nieuwste ontwerpen, net als tips en trucs voor het breien van sokken.

Kerstin woont met haar man en beide dochters tussen Hamburg en Lübeck.

DANKWOORD

Veel dank aan mijn familie die mijn eindeloze gesprekken over sokken, kleuren en patronen en mijn overal rondslingerende breispullen bijna zonder morren heeft verdragen.

Mijn proefbreisters, wier werk is te zien op Instagram, dank ik voor het snelle bewerken van mijn instructies en hun prettige feedback. Zonder hen zouden er veel fouten onopgemerkt zijn gebleven. Dank aan Andrea (@natuerlichkreativ), Barbara (@thoni_knits), Betina (@nordfrau), Claudia (@reetselig), Etha, Isa (@luisa_wolkenschein), Kirsten (@knightlyart), Konstanze (@lilliliebtlollis), Lydia (@lydiafisch), Marianne (@runningyarn), Sabine (@hexbexhamburg), Steffi (@lille_boat) en Svenja (@foerdefaden).

Dank ook aan Lang Yarns, Schachenmayr en Schoppel voor het beschikbaar stellen van de wol en de A.S. Création Tapeten AG voor de ondersteuning met mooi behang.

DE TOEGANGSCODE VOOR HET BEKIJKEN VAN DE (DUITSTALIGE) VIDEO'S IS: 14224

Dit is een uitgave van
Forte Uitgevers BV
Postbus 684
3740 AP Baarn

Oorspronkelijke titel: SoxxBook by Stine & Stitch, Mustersocken stricken
Oorspronkelijk uitgegeven door Frechverlag GmbH, Turbinenstrasse 7,
70499 Stuttgart, Duitsland
Deze editie is tot stand gekomen in samenwerking met Claudia Böhme Rights & Literary Agency, Hannover, Duitsland (www.agency-boehme.com).

Tekst: Kerstin Balke
Foto's: Frechverlag GmbH, 70499 Stuttgart; Lichtpunkt, Michael Ruder, Stuttgart
Illustraties: Josy Jones Graphic Design & Illustrationen
Productie en redactie Nederlandse editie: Tekstkader, Vleuten
Vertaling uit het Duits: Marya Volker voor Tekstkader
Technische redactie: Jo An Luijken, Ruurlo
Zetwerk en omslag: de ZrIJ, Maarssen

ISBN 978 94 6250 199 7
NUR 474

Voor meer informatie over de boeken van Forte Creatief: fortecreatief.nl